Mensch und Umwelt

Haushalt • Wirtschaft • Gesundheit

Arbeitsheft 2

Herausgegeben von
Margarete Schmid

Erarbeitet von
Sonja Anderle
Daniela Bühler
Heide Danner
Ingrid Klinga
Diana Rieck
Heidi Schirle

Oldenbourg

Inhalt

Kinder verändern das Leben der Eltern

Wirtschaften im Alltag

Lebensmittelqualität

Zusatzstoffe in Lebensmitteln

Lebensmittelimitate

Fehlernährung

Sich in Kleidung wohlfühlen

Methode: Präsentation

Prüfungsvorbereitung

E Aufgabe für Experten

Vorwort der Herausgeberin

Liebe Schülerinnen und Schüler,

als Ergänzung zum Schulbuch „Mensch und Umwelt“ gibt es nun ein Arbeitsheft. Hier könnt ihr euer Wissen überprüfen, erweitern und vertiefen. Die einzelnen Themengebiete entsprechen denen des Schulbuchs. Auch wenn sie nicht immer genau den gleichen Titel tragen, so könnt ihr sie doch an der Farbe der Überschrift erkennen.

Die einzelnen Aufgabenstellungen könnt ihr selbstständig mithilfe des Schulbuchs bearbeiten. In wenigen Fällen wird eine Hilfestellung durch den Lehrer oder die Lehrerin notwendig sein.

Überlegt eure Eintragungen sorgfältig und schreibt gut leserlich. Überprüft eure Anworten auf Richtigkeit. Dann seid ihr sicher, dass ihr beim Wiederholen das Richtige lernt. Verwendet einen Schreibstift, der nicht zu stark druchdrückt, sonst habt ihr Probleme bei der Bearbeitung der Rückseite.

Und jetzt viel Erfolg bei der Arbeit!

Vereinbarkeit von Beruf und Familie

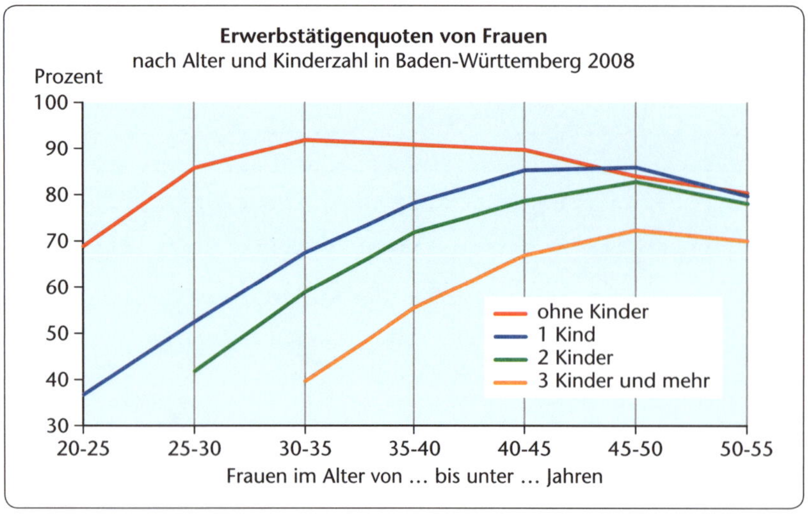

Quelle: http://www.statistik-bw.de/BevoelkGebiet/FaFo/Familie/famZ_03_02.asp

1 Lies das Diagramm und setze richtig ein.

Das ist die Aussage dieses **Kurvendiagramms**:

Je ________________ Kinder, desto ________________ Frauen sind berufstätig.

Je ________________ Kinder, desto ________________ beginnt die Berufstätigkeit der Frauen.

Das Kurvendiagramm sagt nichts darüber aus, ________________________________ die Mütter am Tag oder in der Woche arbeiten.

2 Diskutiere: Warum ist die Erwerbstätigenquote bei älteren Frauen höher?

3 Was sagt die Statistik über die berufliche Biografie von Männern und Frauen?

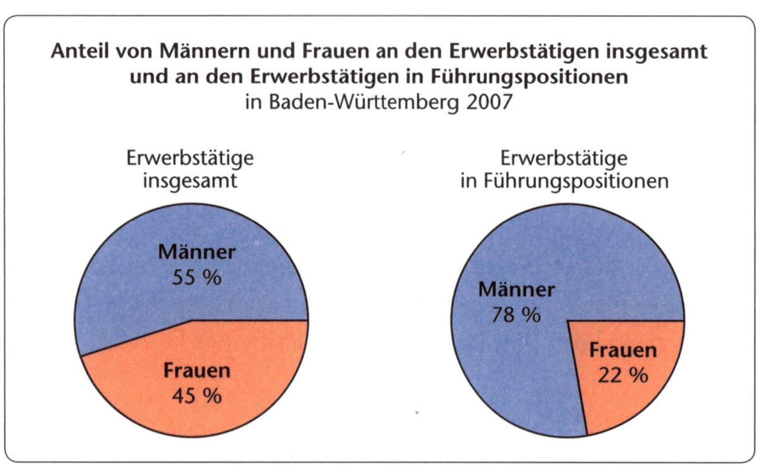

Quelle: Statistisches Bundesamt, Statistik Aktuell: Erwerbstätigkeit von Frauen und Männern in Baden-Württemberg, 2009.

Anteil der Absolventen mit Hochschulreife: Schülerinnen 29,0 Prozent, Schüler 22,9 Prozent (Statistisches Landesamt Baden-Württemberg, 2010)

____

____

____

4 Zeige Möglichkeiten auf, um Beruf und Familie zu vereinbaren.

Mutterschutzgesetz – Elterngeld – Elternzeit – Kindergeld

<table>
<tr><th>Beginn Schwan-
gerschaft</th><th>Mitteilung
an Arbeitgeber</th><th>6 Wochen
vor Termin</th><th>Geburt</th><th>8 Wochen
nach Geburt</th><th>Bis 12 Mon
nach Geburt</th><th>Bis max.
3. Lebensjahr</th></tr>
<tr><td colspan="2">Beschäftigungsverbot ggf. gemäß MuSchG §3 Abs. 1, §4, §8 Abs. 1, 3 oder 5</td><td colspan="3">Mutterschutz MuSchG §3–§8</td><td></td><td></td></tr>
<tr><td></td><td></td><td colspan="3">Mutterschaftsgeld MuSchG § 13–14 +
Nettogehalt abzüglich Mutterschaftsgeld</td><td>Elterngeld
BEEG §1–6</td><td></td></tr>
<tr><td></td><td></td><td></td><td colspan="4">Kindergeld EStG §31–§32, §62–§78 →</td></tr>
<tr><td></td><td></td><td></td><td colspan="4">Elternzeit BEEG §15–§16</td></tr>
<tr><td></td><td colspan="4">Kündigungsschutz
MuSchG §9–§10</td><td colspan="2">Kündigungsschutz
BEEG §18–§19</td></tr>
</table>

MuSchG = Mutterschutzgesetz; BEEG = Bundeselterngeld und -elternzeitgesetz; EStG = Einkommensteuergesetz
Quelle: http://bundesrecht.juris.de. Stand: August 2010

1 Kann man als Schwangere gekündigt werden? (MuSchG §9 + 10)

____

____

2 Wann darf eine Schwangere nicht mehr arbeiten (Beschäftigungsverbot)? (MuSchG §3–§8 oder unter dem Stichwort „Mutterschutz")

____

3 Für welchen Zeitraum erhalten Eltern Elterngeld in Höhe von 65–67 % des Nettogehalts? (BEEG §1–§6)

____

4 Welchen Zeitraum umfasst die Elternzeit und wie viel Geld erhält man in dieser Zeit? (BEEG §15–16, EStG §31–32+§62–§78 oder unter Stichwort Elternzeit und Kindergeld auf www.bmfsfj.de) .

____

____

____

E **5** Finde heraus (www.bmfsj.de): Wann muss die Schwangere ihren Arbeitgeber informieren? (MuSchG §5)

____

____

E **6** Gibt es für Schwangere besonderen Schutz am Arbeitsplatz? (MuSchG §2, §4, §8)

____

Quiz: Elterngeld und Elternzeit

1 Richtig oder falsch? Kreuze an.

		Richtig	Falsch
1	Elterngeld bekommen Mütter oder Väter, die ihr Kind nach der Geburt betreuen und in einem Haushalt leben für die Dauer von bis zu 14 Monaten in Höhe von 65–67 % ihres Nettoeinkommens, max. 1.800 €.		
2	Auch eine teilzeitarbeitende Mutter hat Anspruch auf Elterngeld.		
3	Während der gesamten Elternzeit bekommt die Mutter einen Teil ihres Gehaltes.		
4	Hausfrauen können kein Elterngeld beantragen.		
5	Elternzeit kann ab der Geburt bis zur Vollendung des 3. Lebensjahres beantragt werden.		
6	Wenn während der Elternzeit ein zweites Kind geboren wird, schließt sich die Elternzeit für das weitere Kind an die abgelaufene erste Elternzeit an.		
7	Die Elternzeit kann zwischen den Partnern aufgeteilt werden, auch für einzelne Monate und Wochen.		
8	Der Arbeitnehmer muss spätestens 7 Wochen vor Beginn der Elternzeit den Arbeitgeber informieren.		
9	Wenn der Arbeitgeber nicht über die Schwangerschaft informiert ist und eine Kündigung ausspricht, ist diese wirksam, auch wenn die Frau schwanger ist.		

2 Korrigiere die falschen Antworten.

3 Die Elternzeit wird bei Vätern immer beliebter. Suche Gründe.

4 Welche Bedeutung hat die Elternzeit für die Entwicklung von Kindern?

5 Was sollten Eltern bei längerer Elternzeit unternehmen, damit sie wieder ohne Probleme in den Beruf einsteigen können?

Ernährung in der Schwangerschaft

Lese die Seiten 16 und 17 in deinem Buch und beantworte die Fragen.

1 Nährstoff Eiweiß

1.1 Warum wird ab dem 4. Monat mehr Eiweiß benötigt?

____

1.2 Welche Lebensmittel eignen sich besonders gut dazu, diesen erhöhten Eiweißbedarf zu decken? Warum?

____

____

____

2 Nährstoff Fett

2.1 Wie groß ist der Fettbedarf während der Schwangerschaft?

____

2.2 Welche Fette sollten bevorzugt werden?

____

3 Nährstoffe Vitamine und Mineralstoffe

Welche Lebensmittel eignen sich zur Deckung des erhöhten Bedarfs an Vitaminen und Mineralstoffen?

____

4 Nährstoff Kohlenhydrate

4.1 Welche kohlenhydratreichen Lebensmittel eignen sich besonders gut, um den erhöhten Kalorienbedarf ab dem 4. Monat zu decken?

____

____

4.2 Welche Lebensmittel sollen vorzugsweise verzehrt werden, um den Hunger nach Süßem zu stillen? Begründe.

____

____

E **5** Recherchiere im Internet zu den möglichen Folgen von Alkohol- und Nikotinkonsum in der Schwangerschaft. Stelle die Ergebnisse der Klasse vor. Suche auch entsprechende Bilder für deine Präsentation.

Entwicklung von Kindern

Die Sprachentwicklung des Kindes in den ersten beiden Lebensjahren

Jedes Kind ist anders. Wann Kinder zu sprechen beginnen und wie groß ihr Wortschatz in einem bestimmten Alter ist, kann sehr unterschiedlich sein. Jedoch zeigt sich meist eine bestimmte Abfolge der Sprachentwicklung, deren Etappen aber auch parallel laufen oder sich überschneiden können. Ein Entwicklungsschritt in einem Bereich kann auch einen Rückschritt oder Stillstand in einem anderen Bereich zur Folge haben, z. B. in der Motorik. Es wurde beobachtet, dass Mädchen rascher sprechen lernen als Jungen.

Im ersten Monat kann das Kind schreien, was nach und nach von den Eltern in seiner unterschiedlichen Bedeutung verstanden wird. Das Kind versteht die Gefühle hinter der Stimme der Eltern. Im 2. und 3. Monat kommen dann Gurrlaute dazu, z. B. „Rrr, grrr …“. Ab dem 3. Monat lacht das Kind, spielt mit Lauten aus Vokalen und gibt Quietschlaute von sich, brummt und kreischt. Es reagiert jetzt, wenn es angesprochen wird, und erkennt oft schon seinen Namen. Indem man seine Tätigkeiten kommentiert und das Kind immer wieder anspricht, kann man die Sprachentwicklung in diesem Stadium sehr fördern. In den Monaten 7–9 beginnt das Plapperstadium, erst werden Silbenketten und dann Doppelsilben gebildet („ba-ba-ba-ba“, „da-da“). Das Kind kann im Rede- und Antwortspiel schon „antworten“ mit verschiedenen Tönen und Lauten. Die ersten Wörter kommen in den Monaten 9–13. Oftmals sind es die Wörter „Mama“, „Papa“ oder „Nam-Nam“ (für Essen). Das Kind kann jetzt „Auf Wiedersehen“ winken, klatscht in die Hände, wenn es sich freut, und schüttelt den Kopf für „Nein“. Es versteht schon einfache Aufforderungen („Gib mir den Ball“) und reagiert auf einfache Fragen („Wo ist der Papa“ – zeigt hin).

(Quelle: BZgA: Das Baby. Informationen für Eltern über das erste Lebensjahr. Köln, 2009.)

Kinder verstehen immer weit mehr, als sie in Worten ausdrücken können. Die Eltern sollen deshalb von Anfang an ihre Sprechweise dem Verständnis der Kinder anpassen, nicht deren Sprechweise. Die ersten Wörter sind häufig noch undeutlich und oft für Außenstehende kaum zu verstehen („Agge“ für Bagger). Die Bedeutung eines Wortes wird oft ausgeweitet oder eingeschränkt (alle großen Tiere sind eine „Kuh“ oder das „Auto“ ist nur das Familienauto). Die Betonung macht deutlich, was mit dem einen Wort gesagt werden soll, z. B. „Mama“ kann heißen, „ich will das haben“ oder „ wo bist du?“ …

Nach den einzelnen Wörtern kommen die Zwei-Wort-Sätze („Papa, da!“) ab dem 15. Monat bis zum 42. Monat. Auch hier drücken Intonation, Gestik und Mimik aus, wie die Zwei-Wort-Sätze zu verstehen sind. In dieser Zeit sprechen die Kinder auch mit ihrem Vornamen von sich. Die Ich-Form kommt frühestens mit zwei, oft erst mit drei bis vier Jahren. Mit zwei Jahren werden Eigenschaftswörter verwendet (z. B. „heiß“). Tätigkeitswörter werden nur in der Infinitivform benutzt.

Mit dem Eintritt in den Kindergarten ist die Sprache bei den meisten Kindern so weit entwickelt, dass sie im täglichen Umgang in vollständigen und korrekten Sätzen sprechen können.

(Dr. Remo H. Largo: Babyjahre. © 2000 Piper Verlag GmbH, München)

1 Lies den Text und markiere besonders wichtige Inhalte (Nur einzelne Wörter und Satzteile, ca. 10–20 %!)

2 Markiere am Rand, was dir unklar ist (?), was du interessant findest (!). Umkreise Schlüsselbegriffe.

E **3** Diskutiert, warum es wichtig ist, dass Kinder früh an Bücher gewöhnt werden.

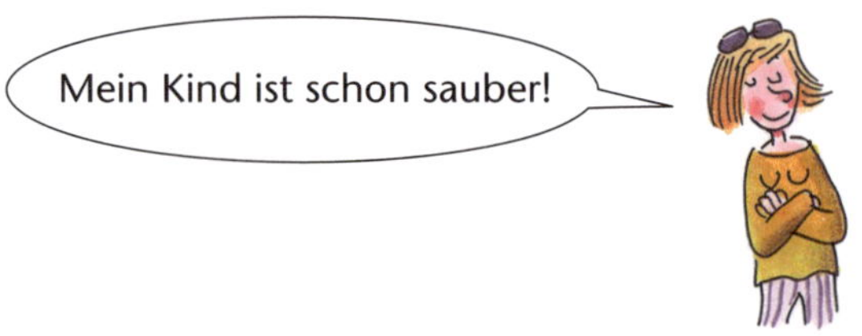

Die Sprachentwicklung von Kindern

1 Finde für jede Altersstufe je ein konkretes Beispiel zur Sprachförderung.

Alter des Kindes	Sprachvermögen und Sprachverständnis	Beispiele zur Förderung
1. und 2. Monat 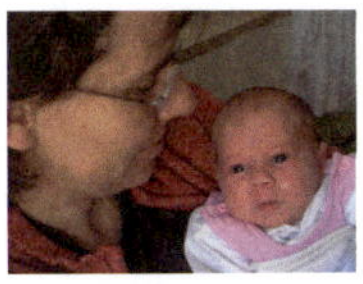	Laute der Lust und Unlust Schreien	Mit dem Kind sprechen Kinderlieder singen *Kinderlied: „Weißt du, wie viel Sternlein stehen"*
3.–12. Monat 	Selbst gebildete Laute als Ausdruck von Wünschen und als Benennung von Personen und Gegenständen	Zeigen und Benennen von Gegenständen
2. Lebensjahr 	Ein- und Zweiwortsätze	Kinderreime, Lieder, Bilderbücher
3. und 4. Lebensjahr 	Mehrwortsätze Auswendiglernen	Zum Erzählen anregen, Fragen geduldig beantworten, Reime
5. und 6. Lebensjahr 	Wortschatz nimmt zu Schulreife	Sprachentwicklung unterstützen durch Bücher und Geschichten, besonders Märchen
Ab 6. Lebensjahr 	Lernt lesen, schreiben und rechnen	Lesefertigkeit unterstützen durch Kinderbücher Schreibfähigkeit üben durch Verfassen einfacher Texte

Einige wichtige Grundsätze zur Erziehung von Kindern

1 Finde die zusammengehörenden Satzteile und verbinde sie farbig.

A	Nimm dir Zeit für dich,		denn „was ich gieße, das wächst auch“.
B	Nimm dir Zeit für dein Kind,		denn dein Kind ist kein Erwachsener und darf auch nicht einen fehlenden Partner ersetzen.
C	Einem Kind nicht alles zu erlauben ist anstrengend und du wirst dafür auch oft unbeliebt sein,		denn nur wenn es dir selbst gut geht, kannst du deinem Kind gegenüber ausgeglichen und gerecht sein.
D	Einige Dinge sollten ohne Kinder besprochen und entschieden werden,		aber langfristig wird es dir dein Kind danken.
E	Tue nichts für dein Kind, was es selbst tun kann,		nur so lernt es, selbstständig zu werden.
F	Wenn du dein Kind einmal ungerecht behandelt hast,		z. B. beim gemeinsamen Essen oder nach der Mittagsruhe.
G	Wenn Situationen eskalieren, dann schweige und		entschuldige dich dafür und erkläre dein Verhalten.
H	Setze auf die Stärken deines Kindes,		denn kein materieller Wohlstand oder keine Geschenke können gemeinsame Zeit aufwiegen.
I	Ignoriere das Verhalten, welches du nicht haben willst,		verlasse den Raum bzw. bringe das Kind ins Kinderzimmer, damit sich alle beruhigen.
K	Schaffe regelmäßige Zeiten und Räume für richtige Gespräche mit deinem Kind,		dann wird dein Kind weniger Gefallen daran finden.

2 Finde fünf Beispielsituationen für fünf der Regeln. Es können positive oder negative Beispiele sein.

3 Fallen dir noch weitere Regeln ein? Schreibe sie auf.

E **4** Diskutiert diese Maßnahme:
Susi (5 Jahre) soll zur Selbstständigkeit erzogen werden und darf selbst entscheiden, wann sie ins Bett geht.

Die Betreuung von Kindern bis zum Kindergartenalter (1)

Wir werden meine Mutter fragen, ob sie unsere Tochter betreut, wenn meine Frau wieder arbeitet. Immerhin ist sie noch fit, hat viel Zeit, ist flexibel und steht auch bereit, wenn Lara krank wird. Außerdem kostet sie nichts. Bei ihr weiß man, dass sie sich um Lara liebevoll kümmert und sie auch fördert. Meine Frau ist da jedoch skeptisch. Sie meint, es könnte vielleicht Streit geben wegen unterschiedlicher Ansichten zur Erziehung. Außerdem ist Lara mit ihr allein, und was ist, wenn meine Mutter plötzlich krank wird?

Ich habe mich schon in der Schwangerschaft um einen Krippenplatz bemüht, sonst hat man ja keine Chance. Leider muss ich einen Vollzeitplatz bezahlen, obwohl ich an manchen Tagen auch kurz arbeite. Ich finde es aber wichtig, dass Jakob unter anderen Kindern ist und ausgebildete Erzieherinnen sich um ihn kümmern, obwohl die Gruppen manchmal eher groß sind. Leider habe ich noch keine Idee, was ich mache, wenn er krank ist. Da muss ich dann wohl daheim bleiben.

Ich möchte Judith unbedingt zu einer Tagesmutter geben. Sie ist ausgebildet und vom Jugendamt überprüft. Die Betreuungszeit kann ich jederzeit ändern, sodass ich nur die Stunden bezahle, die ich brauche. In einer Gruppe sind maximal drei Kinder, die Betreuung ist intensiv, Judith ist trotzdem nicht alleine. Natürlich ist diese hochwertige Betreuung nicht preiswert, aber das ist es mir wert. Außerdem kann man vielleicht auch mal sagen, wenn einem etwas nicht so gefällt. Problematisch ist es nur, wenn Judith krank ist. Da muss ich dann zu Hause bleiben.

Ich finde die Idee einer Leihoma nicht schlecht. Unsere Eltern wohnen beide weit weg, was sehr schade ist. Dabei lernen Kinder viel von der älteren Generation. Wir haben eine Annonce in der Zeitung aufgegeben und waren überrascht, wie viele geantwortet haben.

1 Lies die Aussagen der Eltern. Unterstreiche die Nachteile rot und die Vorteile grün.

2 Lege eine Tabelle an und liste die Vor- und Nachteile der einzelnen Betreuungsarten auf.

E 3 Informiere dich über die Kosten einer Tagesmutter und verschiedener Krippen in deiner Heimatstadt.

Die Betreuung von Kindern bis zum Kindergartenalter (2)

Betreuungsart	Vorteile	Nachteile
Oma 		
Kinderkrippe 		
Tagesmutter 		
Leihoma 		

Interview mit einer berufstätigen Mutter

1 Plant in der Gruppe ein Interview mit einer berufstätigen Mutter, die ein Kind unter 3 Jahren hat. Überlegt 10 Fragen. Die Stichwörter helfen euch.

> Betreuungsart / Gründe für Berufstätigkeit / Vor- und Nachteile der Berufstätigkeit mit Kind / Rolle des Ehemannes / Rolle der Großeltern bzw. der älteren Geschwister / Betreuungszeiten / Flexibilität / Gefühle der Mutter, wenn sie das Kind abgibt / Ängste der Mutter / warmes Mittagessen / Krankheit / Wünsche an Staat, Gemeinde und Arbeitgeber / die ideale Lösung / Kosten

2 Notiert Fragen und vereinbart einen Interviewtermin. Macht beim Interview Notizen und scheut euch nicht davor nachzufragen. Wenn ihr vorher um Erlaubnis bittet, könnt ihr vielleicht ein Aufnahmegerät benutzen.

Interview: Wie organisieren Sie die Betreuung Ihres Kindes?

	Fragen	Antworten
1		
2		
3		
4		
5		
6		
7		
8		
9		
10		

3 Präsentiert das ausgearbeitete Interview auf Folie vor der Gruppe.
Ergänzt die Fragen: Was war neu? Was war überraschend? Was besonders interessant? Wie würdet ihr euer Kind betreuen wollen und warum?

Einkaufen von Zuhause aus

Fernabsatzgeschäfte sind Geschäfte, bei denen du den Verkäufer nicht persönlich triffst.

Besonderheiten bei Fernabsatzgeschäften

Bestellung per Telefon, Fax, E-Mail, Internet, Post, etc.

Käufer (Verbraucher)

Widerrufsrecht
- Kaufvertrag kann innerhalb von 14 Tagen rückgängig gemacht werden.
- Begründung ist nicht notwendig, Rücksendung der Ware reicht aus.
- Portofreie Rücksendung ab einem Warenwert von 40 €.
- Retourschein zur Rücksendung sollte ausgefüllt werden.

Verkäufer (Unternehmen)

Warenlieferung

Für folgende Waren gilt kein 14-tägiges Rückgaberecht:
- Lebensmittel.
- Zeitschriften, Zeitungen und Illustrierte.
- CDs und DVDs können nicht zurückgegeben werden, wenn die Versiegelung aufgebrochen wurde.
- Maßanfertigungen, also Ware, die nach deinen Wünschen angefertigt wurde.

1 Vergleiche Kaufverträge, die unter das Fernabsatzgeschäft fallen, mit normalen Kaufverträgen. Nenne Vor- und Nachteile von Fernabsatzgeschäften.
(Wichtige Informationen zum Kaufvertrag findest du in deinem Schulbuch auf Seite 50.)

Vorteile	Nachteile

2 Welche Erfahrungen hast du beim Einkaufen im Internet gemacht?

E **3** Warum ist die Unterscheidung zwischen normalen Kaufverträgen und Fernabsatzgeschäften für den Käufer wichtig?

Zahlungsformen (1)

Nachnahme

Bezahlt wird mit Bargeld (möglichst passend) direkt an den Briefträger bei der Übergabe der bestellten Ware. Die Deutsche Post erhebt für diesen Dienst eine zusätzliche Nachnahmegebühr, die meist der Kunde übernehmen muss.

Überweisung – Rechnung – Vorauskasse

Eine Rechnung begleicht man normalerweise mit einer Überweisung. Dabei beauftragt man seine Bank, das eigene Konto zu belasten und dem Händler den Rechnungsbetrag gutzuschreiben. Verlangt der Händler die Überweisung vor dem Warenversand, so spricht man von Vorauskasse.

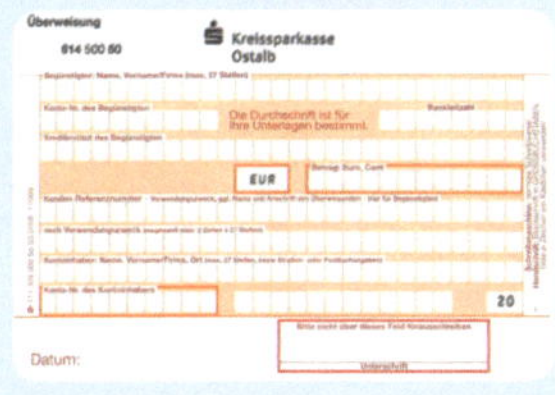
Überweisung
Kreissparkasse Ostalb
EUR
Datum:

Lastschrift

Bei einer Lastschrift handelt es sich um eine umgekehrte Überweisung. Der Verkäufer holt sich den Rechnungsbetrag vom Konto des Kunden mit dessen Erlaubnis. Neben dem Abbuchungsauftrag teilt der Kunde dem Verkäufer auch seine Kontodaten mit. Sollte der Händler mehr Geld abbuchen als ihm zusteht bzw. die Ware nicht liefern, so hat der Kunde das Recht, die Lastschrift zurückzugeben. Das bedeutet, er kann den Betrag wieder zurückfordern. Ein genaues Kontrollieren der Kontoauszüge ist dringend erforderlich.

Kreditkarte

Das Bezahlen mit Kreditkarte funktioniert ähnlich wie das Lastschriftverfahren. Der Kunde ermächtigt den Verkäufer, den Betrag von seinem Kreditkartenkonto abzubuchen. Dazu teilt er ihm seine Kreditkartennummer sowie das Ablaufdatum der Kreditkarte mit. Vorteil bei diesem Zahlungsmittel ist die Haftungsbeschränkung für den Kunden. Sollte er seine Kreditkarte zum Beispiel verlieren und andere Personen in seinem Namen Einkäufe tätigen, so müsste er mit lediglich 50 Euro haften.
Wie bei Lastschriftverfahren gilt es auch hier, die Kreditkartenabrechnungen genau zu überprüfen und bei Fehlabbuchungen das Kreditkartenunternehmen umgehend zu benachrichtigen.

Giropay

giropay

Eine relativ neue Zahlungsmöglichkeit bei Interneteinkäufen ist das so genannte Giropay Bezahlverfahren. Dabei handelt es sich um ein sicheres Überweisungsverfahren, bei dem man keine persönlichen Kontodaten preisgeben muss. Bezahlt wird direkt bei Bestellung mit Hilfe einer Online-Überweisung bei der eigenen Bank. Der Händler erhält unmittelbar nach erfolgreicher Zahlung eine Zahlungsgarantie der Bank und kann somit Waren oder Dienstleistungen sofort und ohne Risiko zur Verfügung stellen. Ein gewisses Sicherheitsrisiko bleibt für den Käufer dennoch bestehen, weil er vor Erhalt der Ware bezahlt.

Zahlungsformen (2)

1 Nenne Vor- und Nachteile der unterschiedlichen Zahlungsformen für den Käufer.

Nachnahme Vorteile	Nachnahme Nachteile

Vorauskasse Vorteile	Vorauskasse Nachteile

Lastschrift Vorteile	Lastschrift Nachteile

Kreditkarte Vorteile	Kreditkarte Nachteile

Giropay Vorteile	Giropay Nachteile

2 Welche Zahlungsmöglichkeit hat Oliver genutzt? Was würdest du ihm in Zukunft raten? Begründe.

Reklamation – gewusst wie! (1)

Ablauf einer Gewährleistung

Stufe 1:

Wenn die Ware **fehlerhaft** ist, kann der Käufer zuerst nur eine Reparatur oder eine Ersatzlieferung verlangen. Der Verkäufer entscheidet, welche der beiden folgenden Möglichkeiten er wählt.

Beispiel:
Ein billiger Toaster heizt immer auf höchster Stufe.

↓

Ersatzlieferung

Beispiel:
Ein Fernsehgerät schaltet sich ständig ab.

↓

Erste Reparatur

Stufe 1 war nicht erfolgreich.

Beispiel:
Der neue Toaster heizt ebenfalls auf der höchsten Stufe.

↓

Der Verkäufer darf nicht reparieren oder eine zweite Ersatzlieferung leisten.

Weiter zu Stufe 2

Beispiel:
Das reparierte Fernsehgerät schaltet weiterhin ständig ab.

↓

Zweite Reparatur

Zweite Reparatur ist wiederum nicht erfolgreich.

↓

Der Verkäufer darf nicht mehr reparieren und auch keine Ersatzlieferung leisten.

Weiter zu Stufe 2

Stufe 2:

Nun hat der Käufer folgende Rechte:

- Er kann vom Kaufvertrag zurücktreten, d. h. er muss vom Verkäufer das Geld zurückbekommen, keinen Gutschein.
- Er kann eine Kaufpreisminderung verlangen, d. h. er bekommt die fehlerhafte Ware zu einem günstigeren Preis.
- Er kann Schadenersatz für zusätzlich entstandene Kosten verlangen, zum Beispiel für Fahrtkosten, Leihgeräte usw.

Achtung:

→ Der Umtausch von **Waren, die keine Fehler** haben, sondern dir nur nicht gefallen oder nicht passen, ist ein **Entgegenkommen des Verkäufers**. Der Käufer hat **kein Recht** darauf.
→ Auch Sonderangebote dürfen keine Fehler / Mängel haben, außer diese sind bekannt.
→ Die **Reklamationsfrist** beträgt 24 Monate.

1 Du bist neuer Mitarbeiter bei der Verbraucherzentrale Baden-Württemberg. Dein Aufgabengebiet erstreckt sich vor allem auf den Bereich Gewährleistung. Informiere dich mit Hilfe deines Schulbuchs Seite 56 und der Darstellung oben über deinen neuen Arbeitsschwerpunkt.

Reklamation – gewusst wie! (2)

1 Dein Chef möchte dein Wissen testen und legt dir verschiedene Behauptungen vor. Entscheide, ob sie richtig oder falsch sind. Berichtige die falschen Behauptungen.

Der große Eignungstest zum Verbraucherschutz	Richtig	Falsch
1. Der Käufer kann bei fehlerhafter Ware zwischen Reparatur und Ersatzlieferung wählen.		
2. Der Verkäufer hat das Recht, bei fehlerhafter Ware zweimal Ersatz zu liefern.		
3. Bei Geschenken hat man immer das Recht diese umzutauschen.		
4. Die Reklamationsfrist beträgt 12 Monate.		
5. Der Käufer darf bei fehlerhafter Ware sofort vom Kaufvertrag zurücktreten.		
6. Der Verkäufer hat das Recht, fehlerhafte Ware zweimal zu reparieren, bevor der Käufer vom Kaufvertrag zurücktreten kann.		
7. Der Käufer muss für die Reparatur von fehlerhaften Geräten nichts bezahlen.		

2 Diese Fälle landen auf deinem Schreibtisch. Zeige Lösungswege auf.

Verzweifelte Verbraucher suchen Rat

1 In einem Geschäft steht ein Schild „Schlussverkaufsware vom Umtausch ausgeschlossen". Frau Meier kauft in diesem Geschäft einen Pullover für Claudia. Zu Hause stellt sie fest, dass am Ärmel ein Fleck ist.

2 Lara hat zu Weihnachten eine neue Skijacke bekommen. Beim Anprobieren stellt sie fest, dass sie zu klein ist.

3 Du hast dir einen Fernseher gekauft. In 3 Monaten war der Fernseher bereits dreimal bei der Reparatur.

Garantie und Gewährleistung

Garantie und Gewährleistung im Vergleich

Garantie und Gewährleistung werden gerne verwechselt.

Bei der *Gewährleistung* handelt es sich um einen *gesetzlich* geregelten Anspruch, der auf zwei Jahre festgelegt ist. Der Käufer hat gegenüber dem Verkäufer das Recht auf mangelfreie Ware.

Du hast dir eine Stereoanlage gekauft. Nach acht Monaten stellst du fest, dass der CD-Wechsler nicht mehr funktioniert. Du bringst das Gerät zurück und reklamierst. Weil bereits mehr als 6 Monate seit dem Kauf vergangen sind, musst du beweisen, dass der Mangel nicht aufgrund eines Bedienungsfehlers entstanden ist.

Die Garantie ist eine Leistung, die vom Hersteller *freiwillig* eingeräumt wird. Der Hersteller entscheidet, wofür er eine Garantie ausstellt und über welchen Zeitraum hinweg diese gelten soll. So gibt es zum Beispiel bei verschiedenen Autos eine Durchrost- oder Mobilitätsgarantie.

Garantien sollen vor allem das Vertrauen des Verbrauchers in ein bestimmtes Produkt oder die Herstellerfirma stärken. Oftmals übersehen die Käufer aber, dass viele Garantien an Bedingungen geknüpft sind. Zum Beispiel gelten Durchrostgarantien nur unter der Voraussetzung, dass jährlich kostenpflichtige Inspektionen durchgeführt werden, andernfalls verfällt dieser Anspruch.

Bei einer Kaufentscheidung gilt es also, Garantien genau zu hinterfragen. Garantien der Hersteller machen nur dann Sinn, wenn sie bezüglich Laufzeit und Leistungsumfang über die gesetzlichen Gewährleistungsansprüche hinausgehen.

Sowohl bei der Garantie als auch bei der Gewährleistung ist es wichtig, den Kassenbon als Beweisdokument aufzubewahren.

1 Lies den Text zu Garantie und Gewährleistung und stelle die Mindmap fertig.

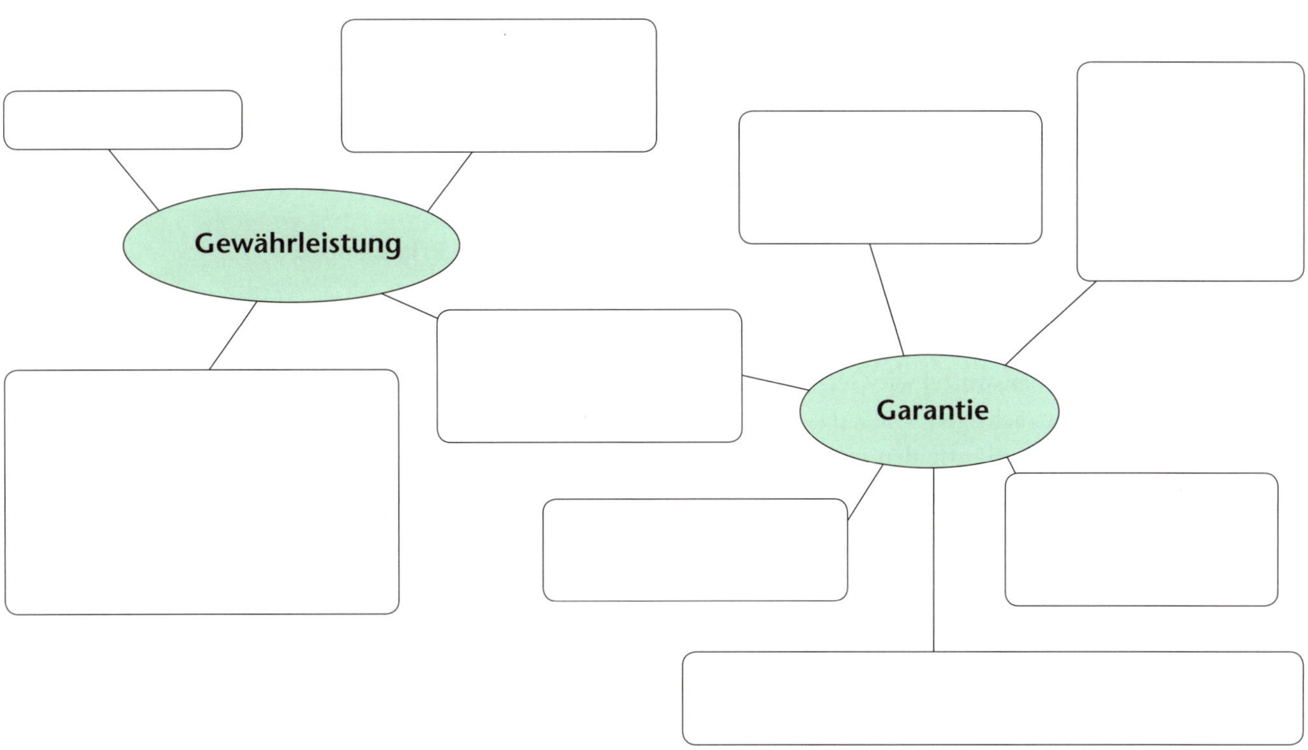

Lebensmittelproduktion in der Landwirtschaft (1)

1 Lies den Text und unterstreiche alle wichtigen Textstellen mit einem Textmarker.

Die Qualität der Lebensmittel wird durch verschiedene Faktoren beeinflusst – unter anderem durch die landwirtschaftliche Produktion. Es gibt drei verschiedene Bereiche des Landbaus: Konventionell, alternativ oder ökologisch und integriert.

Konventionelle landwirtschaftliche Produktion

Die Agrarpolitik und die schlechte Einkommensentwicklung seit den 50er Jahren zwangen die Landwirte zur Rationalisierung ihrer Betriebe.

Der Pflanzenanbau wurde durch das vermehrte Ausbringen von Düngemitteln gesteigert. Die Anwendung von Pflanzenschutzmitteln, den sogenannten Pestiziden, trug zu höheren Erträgen und zur Arbeitserleichterung bei. Herbizide wurden zur Vernichtung von Unkraut selektiv eingesetzt.

Rückstände der eingesetzten Chemikalien können die Qualität der Lebensmittel wie Getreide, Obst und Gemüse beeinträchtigen. Die zulässigen Rückstandsmengen an Pestiziden in unseren Lebensmitteln werden durch die Pflanzenschutzmittel-Höchstmengenverordnung geregelt.

Bei der Viehhaltung wurde die Rationalisierung hauptsächlich durch den Einsatz von Tierarzneimitteln bei großen Viehbeständen zur Krankheitsvorbeugung oder zur Bekämpfung von Krankheiten erreicht.

Alternativer oder ökologischer Landbau

Innerhalb der EU besteht ein Überangebot an landwirtschaftlichen Produkten. Dies veranlasste immer mehr Betriebe, anders, „alternativ“, zu wirtschaften. Diese Landwirte verzichten auf den Einsatz von chemischen Pflanzenschutzmitteln und auf Mineraldünger. Ihr Anliegen ist es, gesunde, weitgehend unbelastete und schmackhafte Lebensmittel zu erzeugen und gleichzeitig die natürlichen Ökosysteme zu schonen.

Dadurch wird der Landbau sehr arbeitsintensiv. Die so erzeugten Produkte sind teurer und auch nur in begrenzten Mengen zu erhalten.

Integrierter Pflanzenbau

Das Konzept des integrierten Pflanzenbaus stellt einen Kompromiss dar zwischen konventionellem und alternativem Anbau. Es werden Anbaumöglichkeiten gesucht, die den Ertrag sichern und die Umwelt weitgehend schonen. Dabei werden folgende Faktoren integriert, d.h. aufeinander abgestimmt:

Schonende Bodenbearbeitung, sparsame Düngung, sparsamer Einsatz von chemischen Mitteln, sorgfältige Standortwahl, Beachten der Fruchtfolge, Sortenwahl.

Lebensmittelproduktion in der Landwirtschaft (2)

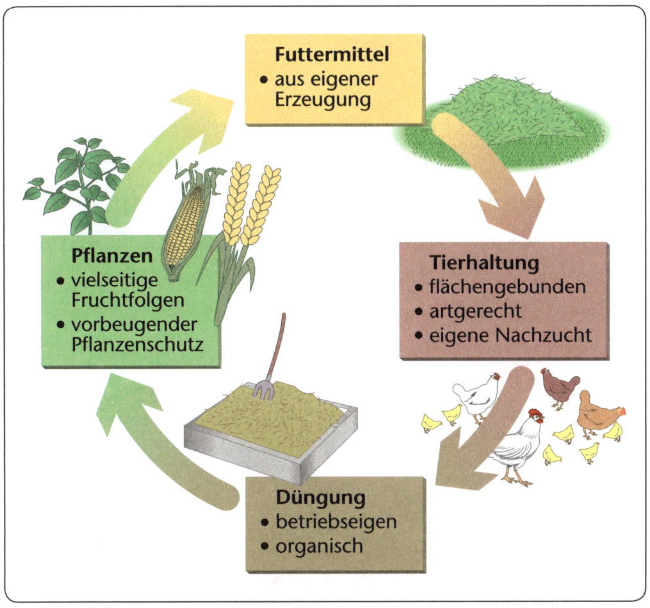

Ökologisch orientierte Landwirtschaft

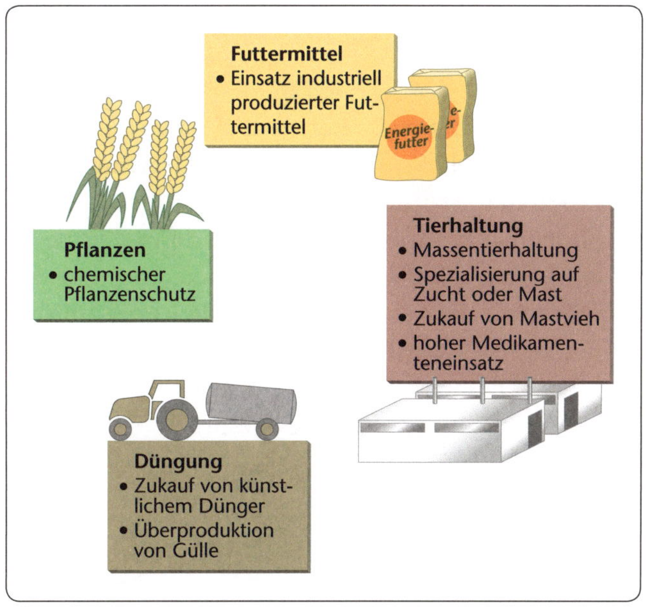

Konventionelle Landwirtschaft

1 Fülle mit den Informationen aus dem Text und den Abbildungen oben die Tabelle aus.

	Alternativer oder ökologischer Landbau	Konventioneller Landbau
Besondere Kennzeichen		
Tierhaltung		
Pestizide / Herbizide		

 ➡ Seite 66–69

Was ist Bio?

1 Suche im Internet auf der Seite www.bio-siegel.de nach dem Siegel und zeichne es ab.

In den Regalen der Supermärkte stehen die Bio-Lebensmittel oft neben konventionell erzeugten Produkten. Damit tatsächlich Bio-Produkte im Einkaufskorb landen, muss der Verbraucher die Merkmale von Bio-Lebensmitteln kennen. Lebensmittel mit der Kennzeichnung „Öko“ oder „Bio“ müssen die Vorgaben der EG-Öko-Verordnung erfüllen. Dies wird durch zugelassene Kontrollstellen regelmäßig und aufwendig überprüft.

Über 50.000 Lebensmittel trugen im November 2008 das Bio-Siegel. Es signalisiert, dass das jeweilige Produkt gemäß der EG-Öko-Verordnung hergestellt wurde und den entsprechenden Kontrollstellenvermerk trägt. Die Nutzung des Siegels ist freiwillig, die Einzelheiten regeln das Öko-Kennzeichengesetz und die Ökokennzeichen-Verordnung.

Auf vielen Bio-Lebensmitteln findet sich auch das Zeichen von einem der ökologischen Anbauverbände. (vgl. aid-Heft „Lebensmittel aus ökologischem Landbau, Seite 32 (Nr. 1218/2009)

2 Wählt in Gruppen jeweils ein Siegel aus und informiert euch im Internet.

Welche Lebensmittel erhalten dieses Siegel?

____

____

Wer vergibt dieses Siegel?

____

Wird kontrolliert?

____

3 Gestaltet dazu ein Plakat.

Bio im Vergleich

1 Ergänze die Lücken mit den richtigen Begriffen.

Bio-Bauer • konventionelle • ausreichend Platz • leicht lösliche Mineraldünger • geringer • viel weniger Milchkühe, Hühner oder Rinder • ökologische Landbau • Pflanzenschutzmittel

Warum sind Bio-Lebensmittel teurer?

Der ______________________ bedeutet mehr Arbeitsaufwand; er braucht mehr Zeit und birgt höhere Risiken als der ______________________: Ohne ______________________ und ______________________ fallen die Erträge deutlich ______________ aus und es besteht immer die Gefahr, dass Schädlinge und Krankheiten ganze Ernten vernichten. Unkräuter müssen mechanisch bekämpft, Schweine länger gemästet werden. Ein ______________ kann auf seinem Hof außerdem ______________________ halten.
Das liegt zum einen daran, dass er ihnen ______________________ und Auslauf oder Weidegang bietet und zum anderen, dass er das Futter für die Tiere weitestgehend selbst erzeugt. [...]

2 Erkundet in eurer Umgebung einen Hofladen oder einen Bauernhof mit Direktverkauf. Erstellt vorher einen Fragebogen mit zum Beispiel Fragen zu den angebauten Lebensmitteln, der Landbau-Form, dem verwendeten Siegel.

3 Erkundet einen Wochenmarkt in der Nähe.
Wie viele Stände bieten Bio-Lebensmittel an? Welche Lebensmittel werden angeboten? Wie viel kosten diese Lebensmittel im Vergleich zu konventionell hergestellten Produkten?

E **4** Berechne die Ökobilanz deiner Mahlzeit. (http://fussabdrucksrechner.at/food_footprint.php?lang=deutsch)

____

____

____

____

E **5** Im Supermarkt werden auch Bio-Lebensmittel angeboten, die aus fernen Ländern, wie zum Beispiel Israel, kommen. Ist es gerechtfertigt, dass diese Lebensmittel trotz der langen Reise mit einem Bio-Siegel versehen sind? Diskutiert in der Klasse.

Anwendungsbereiche von Zusatzstoffen

Für industriell produzierte Lebensmittel sind Zusatzstoffe nötig. Die heute verwendeten Zusatzstoffe werden hauptsächlich eingesetzt, um das Aussehen, die Haltbarkeit, den Nährwert und die Verarbeitungseigenschaften zu beeinflussen. Margarine zum Beispiel erhält ihre Streichfähigkeit durch den Zusatz von Emulgatoren.

Anwendungsbereich		**Zusatzstoff**	**Lebensmittel**
Sensorische Eigenschaften	Geruch und Geschmack verbessern	Aromen und Geschmacksverstärker unterdrücken Geschmacksfehler und lassen Speisen immer gleich schmecken.	
	Aussehen verändern	Farbstoffe verleihen ein farbiges und appetitanregendes Aussehen.	
	Konsistenz verändern	Geliermittel und Verdickungsmittel verleihen Lebensmitteln eine festere Beschaffenheit. Emulgatoren verbessern die Streichfähigkeit.	
Lebensmittelhaltbarkeit	Lebensmittelverderb vorbeugen	Konservierungsstoffe erhöhen die Haltbarkeit von Lebensmitteln, indem sie den Verderb durch Schimmelpilze und Bakterien hinauszögern.	
Nährwert	Zuckergehalt reduzieren	Süßstoffe vermindern den Energiegehalt in Lightprodukten.	
	Fettgehalt reduzieren	Emulgatoren oder Verdickungsmittel ermöglichen den Austausch von Fett durch Wasser.	

1 Finde für jeden Anwendungsbereich ein passendes Lebensmittelbeispiel und trage es in die Tabelle ein.

E 2 Im 16. Jahrhundert sagte der Arzt Paracelsus: „Alle Dinge sind Gift, nichts ist ohne Gift, nur die Dosis bestimmt, wann ein Ding kein Gift ist."
Diskutiere diese Aussage im Hinblick auf die Zusatzstoffe.

Zusatzstoffe auf dem Prüfstand

„Der Nachweis der gesundheitlichen Sicherheit ist die zentrale Voraussetzung dafür, dass ein Stoff als Zusatzstoff zugelassen wird. Doch selbstverständlich bleibt bei allen Tests und Prüfungen immer eine Unsicherheit. Dennoch wird eine generelle Warnung vor Zusatzstoffen den Tatsachen ebenso wenig gerecht wie die allgemeine Behauptung, alle Lebensmittelzusatzstoffe seien völlig unbedenklich.“

(Verbraucher konkret: Lebensmittelzusatzstoffe Seite 13)

Zudem sind Menschen verschieden. Was bei dem einen Allergien oder Verdauungsstörungen hervorrufen kann, bleibt beim anderen gänzlich ohne Wirkung.

Viele Substanzen, natürliche und synthetische, können jedoch dann bedenklich sein, wenn sie in größeren Mengen verzehrt werden. Bislang nicht ausreichend erforscht sind auch die Wechselwirkungen bei Kombination verschiedener Zusatzstoffe.

Für die meisten Zusatzstoffe sind innerhalb der EU die Verwendungsmengen begrenzt, da Zusatzstoffe immer wieder im Verdacht stehen, Krankheiten auslösen zu können. So sind zum Beispiel die Süßstoffe Aspartam, Cyclamat und Saccharin häufig in der Kritik. In den USA ist Cyclamat seit 1969 verboten, nachdem Tierversuche nahelegten, der Süßstoff sei krebserregend.

Die zugrunde liegenden Studien sind allerdings umstritten und konnten in Vergleichsstudien nicht bestätigt werden. Glutamate (Geschmacksverstärker) können in Wechselwirkung mit anderen Stoffen Krankheiten auslösen.

1 Lies den Text und verbinde die Satzanfänge mit den richtigen Satzenden.

- ☐ 1 Lies die Zutatenliste aufmerksam …
- ☐ 2 Bevorzuge regionale und saisonale Biolebensmittel, denn …
- ☐ 3 Frage bei unverpackten Lebensmitteln (z. B. beim Bäcker, Metzger etc.) …
- ☐ 4 Kaufe möglichst unverarbeitete Lebensmittel …
- ☐ 5 Achte vor allem bei Gewürzen und Gewürzmischungen z. B. Gemüsebrühe …

- A und bereite möglichst viel selbst zu.
- B das Verkaufspersonal nach Zusatzstoffen.
- C aufs Etikett.
- D hier dürfen wesentlich weniger Zusatzstoffe verwendet werden als bei konventionellen Lebensmitteln.
- E und achte auf gesundheitsgefährdende Zusatzstoffe.

2 Deine Freundin Tanja hat in der Zeitung einen kritischen Artikel über Zusatzstoffe gelesen und fühlt sich nun unsicher. Sie bittet dich als MUM-Schüler/-in um Ratschläge im Umgang mit Zusatzstoffen. Schreibe einen Brief an Tanja und gib ihr Tipps. Die Sätze aus Aufgabe 1 helfen dir dabei.

Ist süß gleich süß?

Süßungsmittel
Kekse für Diabetiker schmecken süß, lassen den Insulinspiegel aber nicht ansteigen, Kaugummis ohne Zucker helfen, Karies vorzubeugen und viele Light-Produkte bieten Süße ohne überflüssige Kalorien. Substanzen, die süß machen, ohne die Stoffwechselwege des Zuckers zu gehen, sind weit verbreitet. Innerhalb der Gruppe dieser so genannten Süßungsmittel werden Zuckeraustauschstoffe von Süßstoffen unterschieden.

Zuckeraustauschstoffe
Zuckeraustauschstoffe wie z. B. Mannit, Sorbit und Xylit haben keinen Einfluss auf den Blutzucker und den Insulinspiegel und sind deshalb in Diabetikerprodukten weit verbreitet. Allerdings liefern sie beim Abbau eine kleine Menge Energie von ungefähr 8 – 16 kJ/g, daher helfen sie nicht unbedingt beim Abnehmen. Zuckeraustauschstoffe werden im Dünndarm nur sehr langsam abgebaut und gelangen daher unverändert in die unteren Darmabschnitte. Weil sie dort ihrer Umgebung Wasser entziehen, führen sie schnell zu Durchfällen.

Süßstoffe
Süßstoffe wie zum Beispiel Aspartam, Acesulfam und Saccharin sind Zuckerersatzstoffe. Sie sind um das 30- bis 3000fache süßer als Zucker und werden deshalb nur in sehr kleinen Mengen eingesetzt. Weil ihr Energiegehalt im Verhältnis zur Süßkraft nur sehr gering ist, liefern Süßstoffe in den normalerweise verzehrten Mengen praktisch keine Energie.

1 Entscheide, ob die Aussagen richtig oder falsch sind. Korrigiere die falschen Aussagen.

	Richtig	Falsch
1 Zuckeraustauschstoffe sind bis zu 3000 mal süßer als Zucker.		
2 Zuckeraustauschstoffe liefern keine Energie und sind daher zum Abnehmen geeignet.		
3 Süßstoffe werden aufgrund ihrer Süßkraft nur in sehr geringen Mengen eingesetzt.		
4 Light-Produkte enthalten im Normalfall keine Zuckeraustauschstoffe, sondern Süßstoffe.		

2 Suche je vier Lebensmittel, die Süßstoffe oder Zuckeraustauschstoffe enthalten. (In deiner Auswahl dürfen max. 2 Getränke enthalten sein.)

Süßstoffe

Amerika in Angst – Immer mehr Dicke trotz Softdrinks ohne Kalorien

Versuche an Ratten beweisen: Süßstoffverzehr macht fett!

Süße Sünden – Verzehr ohne Reue!?

Viele Studien – viele Meinungen – und doch kein Ergebnis

Forscher streiten weiter über die Auswirkungen von Süßstoffverzehr

Schlank in 14 Tagen – der neue Süßstoff macht's möglich!

Machen Süßstoffe dick?

Wer mit Süßstoffen versetzte Getränke konsumiert, tut dies meist, um Kalorien zu sparen – also um kein Gewicht zuzulegen. Doch es gibt immer mehr Belege dafür, dass die kalorienfreien Getränke eher zu Übergewicht führen, als helfen es zu vermeiden. Eine aktuelle Laborstudie an Ratten zeigt jetzt, wie der Süßstoff Saccharin das Fressverhalten der Tiere beeinflusst. …

Die Forscher fütterten für die Studie Ratten mit Joghurt, der entweder mit normalem Zucker oder mit kalorienlosem Saccharin gesüßt war. Ratten, denen der Süßstoff vorgesetzt worden war, fraßen später größere Mengen kalorienreicher Nahrung und nahmen in der Folgezeit mehr Gewicht zu als die anderen Ratten. Die Forscher erklären sich ihre Ergebnisse folgendermaßen: Gibt es keine Verbindung zwischen Süße und Kalorien mehr, fährt der Körper bei weiteren süßen Mahlzeiten die Verdauung nicht mehr auf das normale Level hoch. Die Verwertung der Nährstoffe wird schlechter und der Körper verlangt mehr süße Produkte als zuvor. Dies bleibt auch dann noch der Fall, wenn die Süße wieder durch kalorienreiche Kost hervorgerufen wird. …

Die Forscher betonen, dass weitere Untersuchungen notwendig sind und Versuche, die an Ratten durchgeführt wurden, nur sehr bedingt auf den Menschen übertragbar sind. Allerdings zeigen Studien aus den USA, dass seit Einführung von Diät-Erfrischungsgetränken die Zahl der Fettleibigen deutlich gestiegen ist. Andere Forscher haben außerdem einen Zusammenhang zwischen vermehrtem Genuss von Diätgetränken und höherem Risiko für Fettablagerungen in der Bauchhöhle, Bluthochdruck und Insulinresistenz beobachtet.

ddp/bub

(http://www.stern.de/wissen/ernaehrung/studie-warum-suess-stoff-dick-machen-kann-610512.htm. 11.02.2008)

1 Lest die Schlagzeilen und den Zeitungsartikel. Interpretiert die Schlagzeilen mit Hilfe des Zeitungsartikels. Weshalb sind die Schlagzeilen so widersprüchlich?

Lebensmittelimitate (1)

Dem Schwindel auf der Spur

Pflanzenfett statt Kuhmilch, gepresstes Eiweiß statt Fisch, Geschmacksverstärker statt Meerrettich: Immer mehr Lebensmittelhersteller sparen an den Zutaten – ohne dass der Verbraucher es merkt. Es gibt Worte, die nicht für den Verbraucher bestimmt sind: Sie lauten Krebsfleisch-Imitat, Fischmuskeleiweiß, synthetisiertes Vanillin und Formfleisch. Und dennoch sind diese Zutaten Bestandteil vieler Lebensmittel, die Konsumenten tagtäglich in deutschen Supermärkten in ihren Einkaufswagen legen – und später ahnungslos verzehren im Glauben, es handele sich um hochwertige, gesunde und vor allem vollwertige Produkte.

(Susanne Amann: Analogkäse, Gel-Schinken & Co. – Verbraucherschützer decken Lebensmittel-Trickserein auf. Spiegel-Online vom 10.07.2009)

Lebensmittelimitate – was ist das?

Als Lebensmittelimitate werden Produkte bezeichnet, bei denen einer oder mehrere Bestandteile durch einen billigeren Rohstoff ersetzt werden. Um den echten Lebensmitteln sowohl im Geschmack als auch im Aussehen „täuschend" ähnlich zu sein, müssen die Hersteller bei den Imitaten jedoch sehr viele Zusatzstoffe einsetzen. So wird zum Beispiel der so genannte Analog- oder Kunstkäse nur zum Teil oder gar nicht aus Milch- oder Milchprodukten hergestellt. Zutaten des Käseimitats sind unter anderem Wasser, Pflanzenfett, Pflanzeneiweiß, Stärke, Salz und Geschmacksverstärker. Analogkäse ist vor allem in Fertigprodukten wie Pizza und Toast zu finden, aber auch Gaststätten und Bäckereien verwenden Kunstkäse.

Nutzen der Hersteller

Welchen Nutzen haben die Hersteller, wenn sie Lebensmittelimitate einsetzen? Hauptgrund sind die billigeren Rohstoffe. Pflanzenfett in Vanilleeis, zum Beispiel, verursacht viel geringere Kosten als das Milchfett aus Sahne. Weitere Gründe sind sehr kurze Produktionszeiten oder eine bessere Verarbeitungsfähigkeit. Dadurch können Hersteller die Produkte sehr viel billiger anbieten.

Was können Verbraucher tun?

Da sich Imitate von echten Produkten mit bloßem Auge kaum unterscheiden lassen, ist ein aufmerksamer Blick auf die Verpackung zwingend notwendig. Ob entsprechende Imitate, zum Beispiel Analogkäse, verwendet wurden, kann der Verbraucher bei verpackten Lebensmitteln nur daran erkennen, dass in der Zutatenliste nicht das Wort „Käse" auftaucht. Stattdessen sind pflanzliche Fette, Öle, Stärke und Aromastoffe aufgeführt. Trotzdem bleibt es für den Verbraucher schwierig, wenn in einem Produkt Käse mit Käseimitat gemischt wurde. Denn dann ist in der Zutatenliste das Wort Käse wieder aufgeführt.

(Quelle: www.lgl.bayern.de Analogkäse (Käseimitat, Kunstkäse, Laborkäse, Plastikkäse; entnommen 6.8.2010)

Um sich vor den immer neuen Tricks der Lebensmittelindustrie zu schützen, sollten Verbraucher

- die Zutatenliste genau lesen,
- Produkte aus der Region bevorzugen und
- wenn möglich Biolebensmittel verwenden, da sie in der Lebensmittelüberwachung bislang nicht negativ aufgefallen sind.

Lebensmittelimitate (2)

1 Lies den Text auf Seite 28 aufmerksam durch. Markiere die wichtigsten Aussagen mit unterschiedlichen Farben.

2 Vervollständige die Satzanfänge.

1. Die Hersteller von Lebensmittelimitaten benötigen viele Zusatzstoffe …

2. Analogkäse enthält keine Milch oder Milchprodukte, sondern …

3. Lebensmittelimitate haben für den Hersteller viele Vorteile …

4. Wenn auf der Zutatenliste das Wort „Käse“ auftaucht, dann …

5. Kauft man Produkte aus der Region …

3 Interpretiere die Karikatur auf Seite 28.

E **4** Vanilleeis verschiedenster Hersteller sorgte in letzter Zeit für Schlagzeilen, da Sahne durch billiges Pflanzenfett ersetzt wurde. Nimm die Zutatenlisten von fünf verschiedenen Vanilleeissorten genau unter die Lupe.

Ursachen für Übergewicht

1 Die Weltgesundheitsorganisation WHO schlägt Alarm: Jedes 5. Kind und jeder 3. Jugendliche in den Industrienationen ist übergewichtig.
Warum ist das ein Grund, um alarmiert zu sein?

____

____

____

Tina, 15 Jahre, 1,65 Meter, 66 Kilo

Bei mir hat das erst vor drei oder vier Jahren angefangen mit dem Übergewicht. Das war, als sich meine Eltern getrennt haben. Ich war so traurig, dass ich einfach in mich hineingefuttert habe. Dann habe ich mich wieder etwas besser gefühlt. Ich esse oft aus Frust. Wenn ich Probleme habe oder mich einsam fühle, gehe ich zum Kühlschrank und tröste mich mit einer Milchschnitte oder sonst was Leckerem. Ich glaube, dass auch mein Essverhalten zu meinem Übergewicht beiträgt. Geregelte Mahlzeiten gibt es bei uns zu Hause nicht. Deshalb nasche ich häufig zwischendurch, das muss dann schnell gehen, wie Pommes oder eine Currywurst. Und ein kleiner Nachtisch darf natürlich auch nicht fehlen – ich liebe Schokoladeneis.

Raphael, 16 Jahre, 1,70 Meter, 82 Kilo

Seit ich mich erinnern kann bin ich dick. Meine Mutter sagt dazu: „Junge, da kannst du nichts dafür, dass du etwas rundlicher bist, das sind einfach die Gene. Papa und ich haben doch auch beide Übergewicht.“ Sicherlich trägt die Veranlagung dazu bei, dass ich mehr wiege als normal. Aber ich bin da, glaube ich, auch ein wenig selbst schuld. Sport mag ich gar nicht, lieber liege ich faul vor dem Fernseher oder spiele mit meinen Freunden Computerspiele. Dabei wird natürlich auch Süßes oder Chips gefuttert. Das wird manchmal zu viel sein.

2 Wodurch kann Übergewicht entstehen? Was sagen Raphael und Tina zu den Ursachen ihres Übergewichts? Notiert die Ergebnisse in der Gruppe.

____

____

____

____

____

____

3 Erstellt mit den Ergebnissen eine Folie, die ihr im Plenum präsentiert.

Zu dick oder zu dünn?

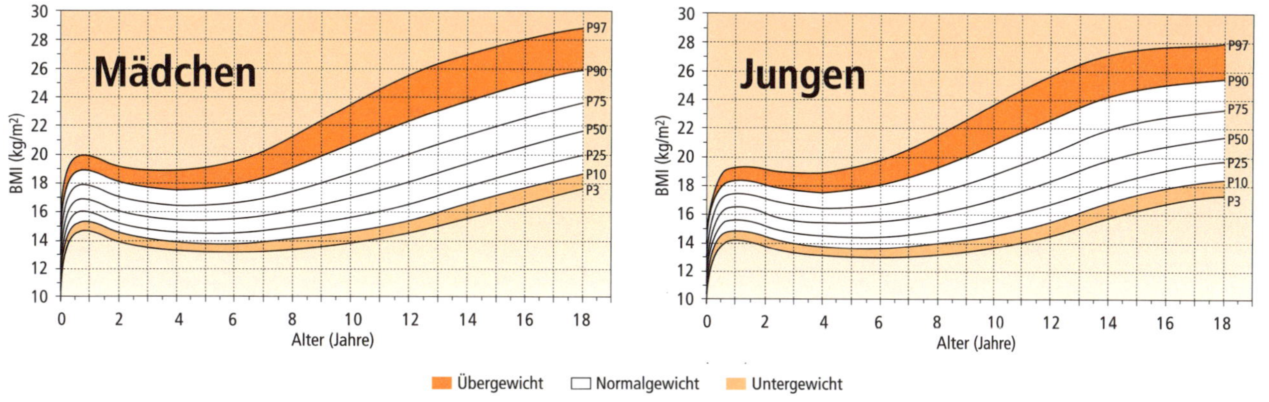

$$\text{BMI} = \frac{\text{Körpergewicht [kg]}}{\text{Körpergröße [m] x Körpergröße [m]}}$$

1 Berechnet in der Gruppe den BMI von Raphael und Tina. Wie stark übergewichtig sind sie?

2 Diskutiert im Plenum die Aussagen von Arzt und Patient.

E **3** Gibt es noch andere Verfahren zur Diagnose von Übergewicht? Recherchiert im Internet.

Folgen von Übergewicht

Liebes Dr. Fitmaker Team,

ich heiße Sandra Connetti und bin 16 Jahre alt. In der Schule werde ich allerdings häufig Sandra Fetti genannt. Wenn ich durch das Klassenzimmer laufe, rufen meine Mitschüler „Vorsicht, Erdbeben!“. In meiner Freizeit ist es noch schlimmer. Erst letzte Woche beim Stadtbummel mit meinen Eltern hat ein kleiner Junge mit dem Finger auf uns gezeigt und gerufen: „Guck mal da, Mami, die Familie ist richtig fett!“

Am liebsten möchte ich das Haus gar nicht mehr verlassen, deshalb habe ich den Kontakt zu vielen Bekannten und Freunden auch schon stark eingeschränkt. Ich fühle mich nicht wohl in meiner Haut, ich schäme mich so wegen meines Aussehens.

Ich mache mir auch Sorgen um meine Eltern. Mein Vater kann die wenigen Treppen zu unserer Wohnung nur noch mit Pausen bewältigen, da er immer wieder Luft holen muss. Außerdem schwitzt er bereits bei der kleinsten Anstrengung. Der Arzt hat schon zu ihm gesagt, sein Herz könnte unter der Last seines Gewichts bald versagen.

Und auch meine Mutter hat Probleme wegen ihres hohen Gewichts. Ihr BMI liegt schon weit über 30. Sie leidet unter starken Rückenschmerzen und hat Verschleißerscheinungen an den Kniegelenken. Der Arzt meint, ihre Knie würden ihr Gewicht bald nicht mehr tragen können. Trotzdem kann ich beide nicht überzeugen, gemeinsam mit mir das Übergewicht anzugehen.

Bei meiner kleinen Schwester Anne, die gerade ihren zwölften Geburtstag gefeiert hat, wurde kürzlich Diabetes diagnostiziert. Bis jetzt muss sie noch kein Insulin spritzen, sondern kommt mit Tabletten aus.

Ich weiß nicht mehr ein noch aus. In meiner Verzweiflung wende ich mich heute an Sie. Bitte helfen Sie mir, meine Eltern von den schwerwiegenden Folgen unseres Übergewichts zu überzeugen und sie so zum Handeln zu bewegen.

Herzliche Grüße
Sandra Connetti

1 Welche gesundheitlichen Folgen von Übergewicht schildert Sandra in ihrem Brief?

____

____

____

____

____

Was tun gegen Übergewicht?

Heizen Sie Ihren Energieverbrauch an!

1. Mehr Bewegung im Alltag:

2. Freizeitaktivitäten clever gestalten:

3. Die Beständigkeit macht's:

Fazit:

Dr. Fitmaker – Programm für Übergewichtige

So gelingt's bestimmt!

Bewusstes Essverhalten

1. Nehmen Sie sich Zeit, genießen Sie Ihr Essen:

2. Konzentration ist alles:

Seien Sie wählerisch!

1. Fett macht fett:

2. Kalorienbombe Zucker:

3. Fünf am Tag:

4. Produkte aus dem „vollen" Korn oder Erzeugnisse aus dem „weißen" Mehl?

5. Getränke – gewichtige Unterschiede:

1 Ihr arbeitet als Experten zum Thema Übergewicht beim Gesundheitsmagazin „Dr. Fitmaker". Eure Aufgabe ist es, eine Broschüre zum Thema „Was kann ich tun gegen Übergewicht?" zu erstellen. Die Vorlage und dein Schulbuch Seite 76 helfen dir.

Diabetes – die Zuckerkrankheit

1 Trage die Überschriften richtig in die Tabelle ein. Schlage nach im Buch auf Seite 76 und 77.

Diabetes Typ 1 • Therapie • Blutzuckerspiegel • Betroffene • Ursachen • Diabetes Typ 2 • Symptome

	______________	______________
______________	Meist Normalgewichtige im Kindes-, Jugend- und frühen Erwachsenenalter	Häufig Übergewichtige, meist im Erwachsenenalter, zunehmend auch übergewichtige Kinder und Jugendliche.
______________	Akutes Auftreten • Starker Durst • Vermehrtes Wasserlassen • Hoher Gewichtsverlust • Müdigkeit	Schleichende Symptome • Häufiges Trinken • Schlechtes Verheilen von Wunden • Wadenkrämpfe • Juckreiz auf der Haut
______________	Der Blutzuckerspiegel steigt nach einer Mahlzeit stark an und die Glucose kann aufgrund der fehlenden Insulinproduktion nicht in die Zellen eingeschleust werden.	Der Blutzuckerspiegel steigt nach einer Mahlzeit stark an und die Glucose kann aufgrund der geringeren Insulinwirksamkeit nur eingeschränkt in die Zellen transportiert werden.
______________	Absoluter Insulinmangel	Relativer Insulinmangel • Nachlassende Insulinproduktion
______________	Lebenslange Behandlung mit Insulin	Dauerhafte Gewichtsabnahme, Bewegung und Ernährungsumstellung

2 Lies den Fall von Anne Connetti und stelle die Diagnose des Arztes. An welchem Diabetes-Typ leidet Anne? Begründe deine Diagnose.

Ich heiße Anne Connetti, bin zwölf Jahre alt und schon immer etwas pummelig. Meine Geschichte hat vor einem Jahr begonnen. Zuerst habe ich mir nichts dabei gedacht, als ich ständig Durst hatte, obwohl ich am Tag sicher mehr als zwei Liter getrunken habe. Meine Mutter meinte, der Grund dafür wäre ein einsetzender Wachstumsschub. So machten wir uns weiter keine Gedanken. Erst als eine ganz normale Schürfwunde nicht heilen wollte, wurde ich unruhig. Auch meine Schwester Sandra riet mir, einen Arzt aufzusuchen. Natürlich hatte ich große Angst vor der Diagnose.

____

____

____

____

____

3 Erläutere die Hauptunterschiede der beiden Diabetes-Typen.

Folgen von Diabetes für die Gesellschaft

Kostenexplosion im Gesundheitswesen

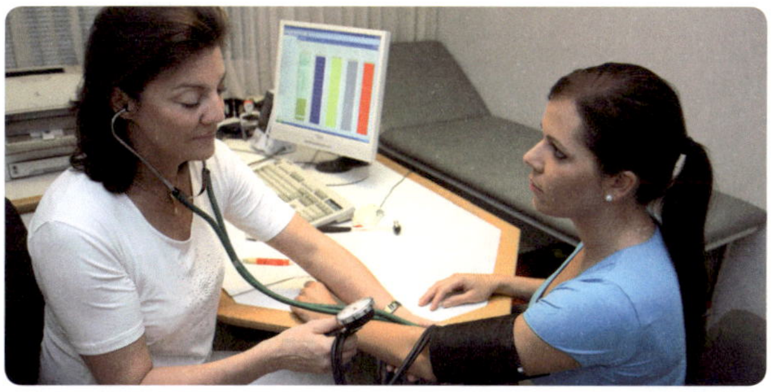

Derzeit leiden in Deutschland ca. 6 Millionen Menschen an Diabetes mellitus, wobei die hohe Dunkelziffer (Menschen, die nichts von ihrer Erkrankung wissen) nicht berücksichtigt wird. Damit ist Deutschland im europäischen Vergleich Spitzenreiter. Experten erwarten, dass sich die Zahl der Diabetiker nahezu verdoppelt, wenn nicht gegengesteuert wird.

Neben den Erbfaktoren begründen Wissenschaftler den rasanten Anstieg an Typ-2-Diabetikern vor allem mit der steigenden Anzahl an dicken Menschen, da Übergewicht und Fettleibigkeit als entscheidende Risikofaktoren für Diabetes mellitus gelten.

Besonders alarmierend ist die Tatsache, dass immer mehr Kinder und Jugendliche an Übergewicht leiden, weil damit auch ihr Risiko steigt, an Diabetes mellitus zu erkranken.

Die steigende Anzahl an Diabetikern hat eine Kostenexplosion im Gesundheitswesen zur Folge, insbesondere junge Betroffene treiben die Behandlungskosten in die Höhe. Da sie länger leben als ältere Diabetiker, nimmt die Wahrscheinlichkeit zu, dass sie irgendwann an schweren Folgeerkrankungen leiden.

Gesundheitsexperten bezweifeln, dass unser Gesundheitssystem auch in Zukunft in der Lage sein wird, diese immensen Kosten zu bewältigen. Außerdem bleibt zu bedenken, dass unsere Gesellschaft auch noch jene Belastungen schultern muss, die zum Beispiel durch einen vorzeitigen Ruhestand der Patienten entstehen.

(Diabetiker verursachen Kostenexplosion. Spiegel-Online vom 30.11.2009)

1 Welche Folgen hat die steigende Zahl von Diabetikern für unsere Gesellschaft?

____

____

____

____

2 Wie sollten wir uns eurer Meinung nach in Zukunft verhalten, um dieser Entwicklung entgegenzuwirken? Notiert eure Argumente und diskutiert in der Klasse.

____

____

____

____

E **3** Informiere dich in Büchern und im Internet über eine der Folgeerkrankungen von Diabetes genauer.

E **4** Erstelle eine Mindmap zu möglichen Folgeerkrankungen von Diabetes mellitus.

Woher kommt unsere Kleidung?

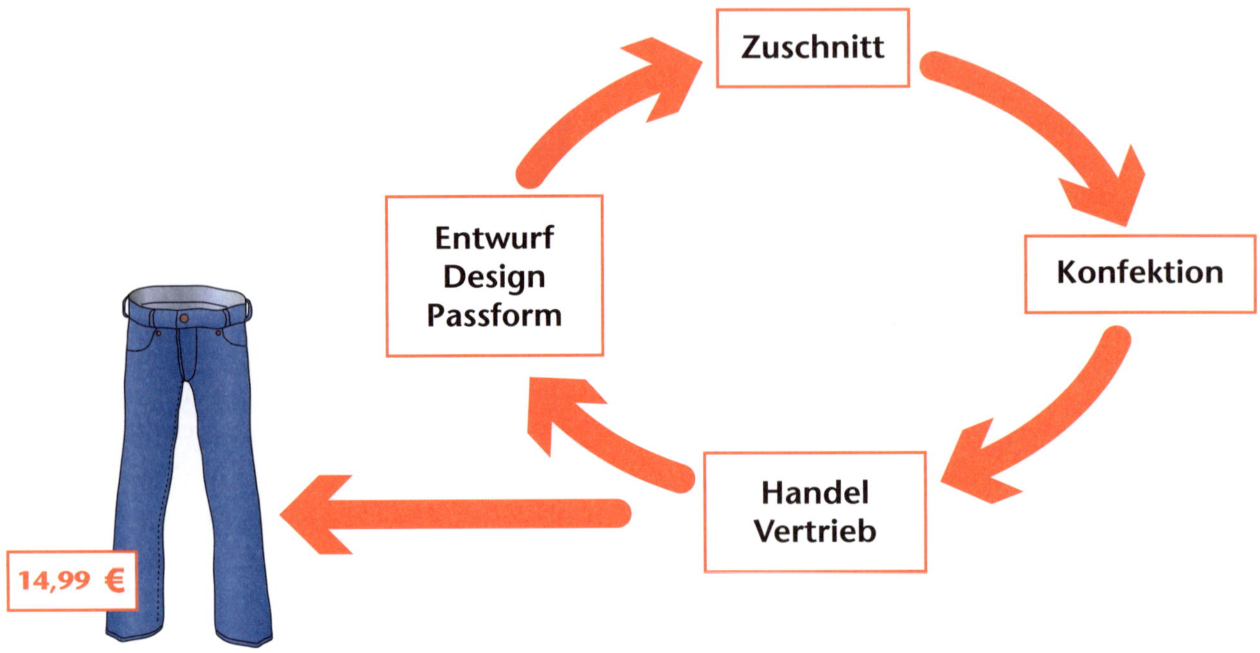

Vor ca. 50 Jahren wurden die meisten unserer Bekleidungsstücke in heimischen Fabriken hergestellt. Es gab Weber, Stricker und Wirker, die die textilen Flächen erzeugten, aus denen dann in den Nähereien die Bekleidungsstücke konfektioniert, d. h. zusammengenäht und mit Zutaten wie Knöpfen usw. versehen wurden.

In den 70er-Jahren erkannten dann die Unternehmer, dass es wesentlich lukrativer wäre, in Ländern des Ostblocks, z. B. dem damaligen Jugoslawien, zu konfektionieren. Die Arbeiterinnen und Arbeiter dort verdienten nur einen Bruchteil dessen, was sie den deutschen Arbeiterinnen und Arbeitern bezahlen mussten. „Passive Lohnveredelung" bedeutete die Verlagerung vieler Produktionsstätten nach Jugoslawien, Ungarn, Polen, Russland, etc. Stoffe, teilweise schon zugeschnitten, wurden in die Nähereien dort geliefert, konfektioniert und dann wieder importiert. Das Fachwissen über Produktionsmethoden und die Qualitätskontrolle übernahmen deutsche Fachkräfte in diesen Ländern. Aber nicht nur Nähereien, auch Spinnereien, Webereien und Strickereien und mit der Zeit auch der Zuschnitt wurden ins kostengünstigere Ausland verlagert.

Als sich in diesen Ländern, auch durch die vielen neuen Arbeitsmöglichkeiten, der Lebensstandard und somit die Ansprüche erhöhten, suchten die Unternehmen neue, kostengünstigere Produktionsstätten.

Der Preisdruck stieg immer weiter, parallel weitete sich der Warenhandel weltweit aus (Globalisierung).

Derzeit werden viele Bekleidungsstücke in Asien, vor allem in China, produziert. Deutsche Unternehmen, die früher selbst konfektionierten, designen ihre Artikel und schreiben vor, welche Farben und Materialien verwendet werden müssen. Sie bestimmen den Preis und das Lieferdatum. Die Konfektionierung übernehmen asiatische Fabriken.

Die Realität in diesen Fabriken ist geprägt von langen Arbeitszeiten und niedrigen Löhnen. So arbeiten viele junge Frauen für 2 € täglich bis zu 14 Stunden – illegal, ohne einen Vertrag, das bedeutet ohne soziale Absicherung.

1 Lese den Text genau. Markiere wichtige Begriffe.

Wie wird unsere Kleidung produziert?

Der Dokumentarfilm „China Blue“

Der Dokumentarfilm „CHINA BLUE“, den Regisseur Peled unter schwierigen Bedingungen in China drehte, beschreibt am Beispiel der 17-jährigen Jasmin das Leben der Arbeiterinnen und Arbeiter in einer chinesischen Jeans-Fabrik.

Jasmins Schwester besucht das Gymnasium. Da die Familie nicht beiden Kindern eine vollständige Schulausbildung ermöglichen kann, soll Jasmin arbeiten und mit ihrem Lohn die Familie unterstützen. Motiviert und voller Illusionen verlässt Jasmin ihre Heimat und findet Arbeit in der Jeans-Fabrik.

Zertifikate unterstützen bewusste Verbraucher

Nicht jeder in Deutschland möchte Bekleidung tragen, die unter solchen Bedingungen hergestellt wurde.

Aber wie können wir erkennen, ob die Arbeiter ordentlich bezahlt wurden oder gesundheits- und umweltschädliche Farben und Chemikalien eingesetzt wurden? Liegt es alleine am Preis?

Zurzeit sind viele Unternehmen bemüht, durch Zertifikate und Label ihre Waren zu kennzeichnen. Somit hat jeder, der ein Bekleidungsstück kauft, die Möglichkeit herauszufinden, unter welchen Bedingungen dieses Kleidungsstück produziert wurde.

BSCI
Business Social Compliance Initiative

Unternehmen, die der BSCI – Business Social Compliance Initiative angeschlossen sind, verpflichten sich, nur solche Unternehmen als Lieferanten zu wählen, die bestimmte Sozialstandards einhalten. Das sind z. B.:
- Zwangsarbeit ist verboten
- Kinderarbeit ist verboten
- Faire Arbeitsverträge
- Keine Diskriminierung
- Gesundes Arbeitsumfeld
- Anständiger Arbeitslohn: Mindestens gesetzlicher Mindestlohn
- Einhaltung gesetzlicher Vorschriften zu Arbeitszeiten

Die Unternehmen werden auditiert, d. h. sie müssen die Einhaltung der eingegangenen Verpflichtungen nachweisen.

http://www.bsci-intl.org

1 Informiere dich im Internet über den Inhalt des Films „China Blue“. Bei YouTube kannst du einen kleinen Ausschnitt ansehen.

2 Lese die Etiketten deiner Bekleidung: Wurde sie in China hergestellt? Wo hast du sie gekauft?

Wer hat welche Interessen? – Rollenspiel

1 Bildet vier Gruppen. Jede Gruppe übernimmt eine Rolle.
Überlegt: Welche Interessen vertrete ich? Was wollen wir erreichen? Welche Probleme haben wir?
Tragt euer Ergebnis in Stichworten in die Tabelle ein.

Arbeiterin in Asien	Fabrikbesitzer in Asien	Handelskette (z. B. H&M)	Käufer, Verbraucher

2 Ein Sprecher der Gruppe trägt vor.
Versucht dabei herauszufinden, wo gemeinsame Interessen bestehen und wo nicht.

3 Ergänzt in der Tabelle die Ergebnisse der anderen Gruppen.

4 Jeder trägt täglich rund um die Uhr Bekleidung. Wie können wir als Verbraucher die Arbeitsbedingungen der asiatischen Arbeiterinnen beeinflussen?

____

____

____

____

____

____

E **5** Auch der schlafende Drache erwacht. In China ändern sich langsam die Lebensumstände.
Wie könnte die Geschichte der Bekleidungsherstellung weitergehen? Diskutiere.
Tipp: Lohnniveau in China derzeit 100–150 € im Monat, in Bangladesh findet derzeit ein Kampf um einen Mindestlohn von 50 € im Monat statt.

Aufgaben der Bekleidung

1 Erstelle mit Hilfe des Textes auf Seite 98/99 eine Mindmap zu den Aufgaben der Bekleidung.

2 Hinterfrage die Kriterien, nach denen du deine Kleidung auswählst.

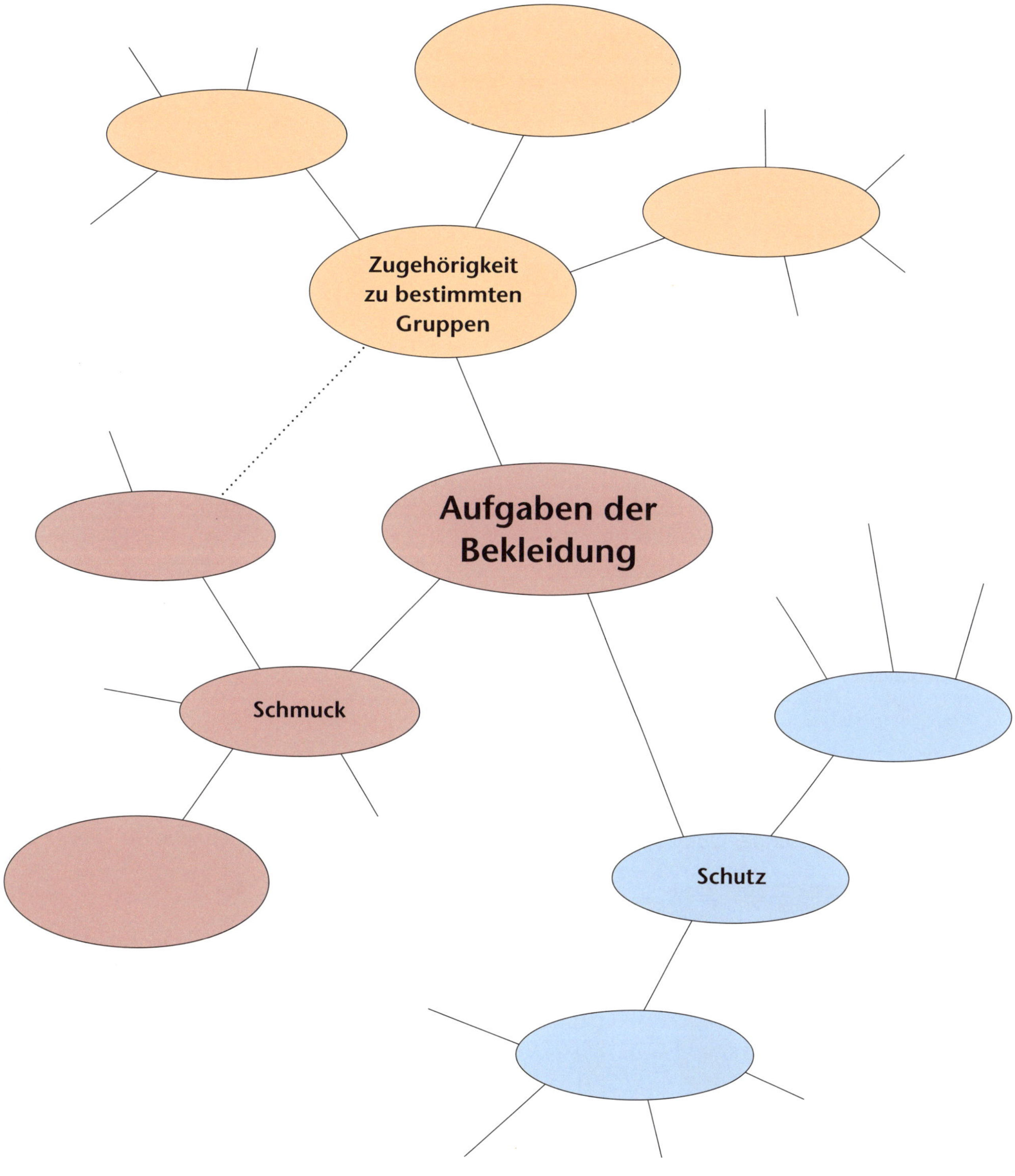

Das Schichtenprinzip – eine textile Klimaanlage

1 Lese den Text in deinem Schulbuch auf Seite 104 genau.

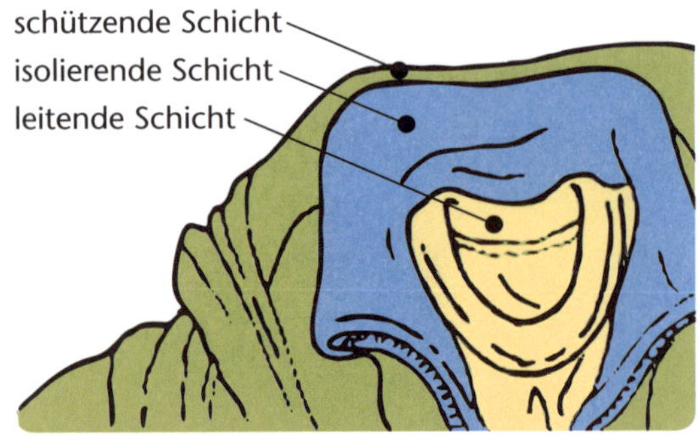

2 Erarbeite in Partnerarbeit eine Erklärung für die Funktionen der einzelnen Schichten und trage die Ergebnisse in die Tabelle ein.

Schicht	Funktion	Auswahl für Peter
1. Leitende Schicht		
2. Wärmeschicht		
3. Schutzschicht		

3 Wählt für Peter ein passendes Outfit aus seinem Kleiderschrank aus. Tragt das Ergebnis in die Tabelle ein.

Baumwollunterwäsche • Funktionsunterwäsche • Baumwoll-T-Shirt • Funktions-T-Shirt • Sweat-Shirt • Wollpullover • Fleeceshirt • Regenjacke, Funktionsjacke • Mütze • Handschuhe • Schal

Peter ist ratlos!

Peter steht vor seinem Kleiderschrank und sucht etwas Passendes zum Anziehen. Morgen wird er mit seiner Klasse einen eintägigen Skiausflug ins Allgäu unternehmen. Geplant ist eine Skitour, die eventuell anstrengend werden könnte. Es ist März. Wird die Sonne scheinen? – Wird es schneien? – Wird es regnen?

Seine Mutter sagt: „Plane für jedes Wetter, achte auf das Schichtenprinzip, so dass du dich wie eine Zwiebel schälen kannst!“

Was meint sie damit?

Moderne Materialien – Funktionstextilien

1 Lese den Text auf Seite 102/103 genau.

2 Ordne zu und verbinde.

Modifizierte Chemiefasern	Hydrophile Teile der Membran treiben Wasserteilchen nach außen.
Gore-Tex	sind überaus feine Endlosfasern.
Sympatex	In ihrer Eigenschaft veränderte Chemiefasern
Mikrofasern	sind hauchdünne Kunststoffmembrane, die zwischen dem Oberstoff und dem Futter unsichtbar eingearbeitet sind.
Laminate	sehr kleine Poren, in die Wasserteilchen nicht eindringen können, Wasserdampfmoleküle aber können entweichen.

3 Was übernehmen Wissenschaftler aus der Natur? Finde heraus, welche Eigenschaften aus der Natur für neue Textilien übernommen wurden. Recherchiere zusätzlich im Internet.

Eisbärfell		*Wasserabweisendes und wärmeisolierendes Fell. Inspirationsquelle zur Herstellung von Polyester-Hohlfasern.*
Pfirsichhaut	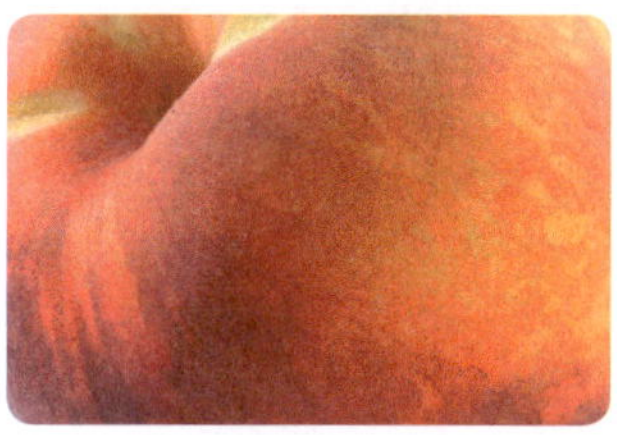	
Haihaut		
Lotuspflanze		
Wasserjagd-spinne		

 ➡ Seite 84–87, 132, 167

Gestaltung einer guten Präsentation am PC

Eine gute Präsentation ist eine **Vortragshilfe** für den Vortragenden und eine **Zuhörhilfe** für die Zuhörer. Das Wichtigste steht in Stichworten oder kurzen Sätzen auf den Folien. Der Vortrag führt die Stichwörter aus. Das Wissen über das Thema ist viel größer als das, was im Vortrag gesagt wird.

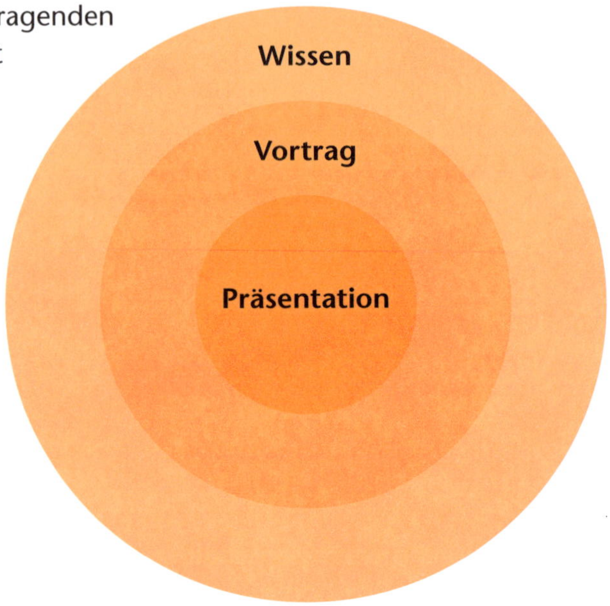

1. Übersichtliche Darstellung

a) Gute Lesbarkeit
- Schriftgröße (16 bis 24 Punkte)
- Dunkle Schriftfarbe und helle Hintergrundfarbe

b) Keine zu langen Wörter

c) Eine Zeile sollte nicht mehr als zehn Worte enthalten

d) Worttrennungen möglichst vermeiden

e) Mit Effekten (z. B. einfliegende Buchstaben) SEHR sparsam umgehen und nur einsetzen, wenn sie passen

2. Inhalt

a) Inhalt gut gliedern
- Anfangsfolie mit Thema und / oder passendem Bild
- Auf der zweiten Folie eine Gliederung auflisten
- Auf jeder folgenden Folie den Gliederungspunkt, zu welchem die Folie gehört, wiederholen, z. B. oben

b) Kurze prägnante Sätze und / oder aussagkräftige Stichwörter

3. Veranschaulichung

a) Aussagekräftige Bilder
- Weniger ist mehr
- Manchmal sagt ein Bild mehr aus als Worte
- Bilder als Diskussionsanlass

b) Gut verständliche Diagramme, die den Sachverhalt unterstreichen und vom Vortragenden erklärt werden können

c) PowerPoint-Cliparts nur sehr sparsam einsetzen, da sie oft keinen inhaltlichen Bezug haben und oft in anderen Vorträgen verwendet wurden

d) Nicht zu viele Medien verwenden

 ➡ Seite 84–87, 91, 132, 167

Beispiel: Präsentation zum Thema Magersucht

1 Überprüfe die ersten Folien einer Präsentation nach den Kriterien von Seite 42. Schreibe sowohl positive als auch negative Kritik zu jeder Folie auf.

Beispielfolien	Kritik (positive und negative)

Gliederung Thema Magersucht:

1. Definition Magersucht / Bulimia Nervosa
2. Verbreitung und Geschichte der Krankheit
3. Typische Symptome der Krankheit Magersucht
4. Mögliche Ursachen
5. Therapien und Hilfen
6. Fallbericht von Susanne F.

Definition Magersucht / Bulimia Nervosa

- Begriff Anorexia Nervosa: Anoresie (neulat.) bedeutet Appetitlosigkeit, das ist eigentlich falsch, da Magersüchtige nicht appetitlos sind, sondern den Appetit verleugnen. Die Krankheit hat einen Suchtcharakter, d.h. man kann nicht damit aufhören.
- Psychosomatische Krankheit
- Extreme Gewichtsabnahme und Halten des niedrigen Gewichts
- Magersüchtige haben trotzdem das Gefühl zu dick zu sein und haben eine sehr starke Angst vor Übergewicht.

4. Mögliche Ursachen

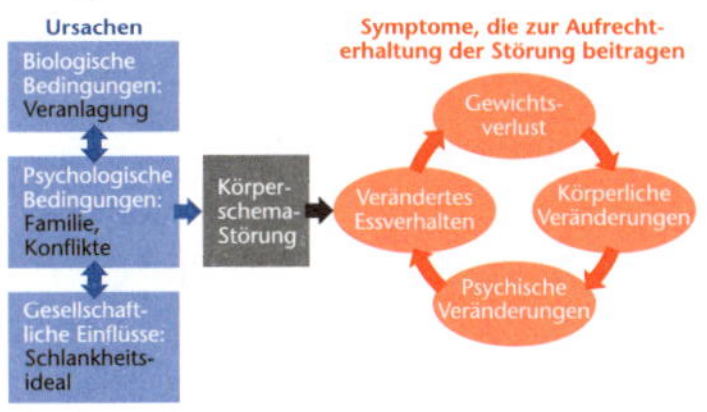

- Klinikaufenthalte – sind oft langfristig und beinhalten psycho-therapeutische Hilfe und Ernährungsschulungen. Besonders vorteilhaft ist, dass die Betroffenen unter Gleichgesinnten sind, sich gegenseitig helfen können und sich nicht so alleine mit der Krankheit fühlen.

- Familientherapie – Ursache oft auch in Familie

Fachinterne Überprüfung im Fach Mensch und Umwelt

Allgemeine Informationen

In deinem Wahlpflichtfach und in NWA legst du eine sogenannte Fachinterne Überprüfung ab. Für das Fach „Mensch und Umwelt" bedeutet dies, dass du eine fachspezifische Thematik alleine oder im Team erarbeitest.

Die Übersicht informiert dich über die wichtigsten Gesichtspunkte. Im Vergleich mit der Fächerverbindenden Kompetenzprüfung kannst du einige Unterschiede feststellen.

Fächerübergreifende Kompetenzprüfung	Fachinterne Überprüfung
Echte Prüfung, Realschulabschlussprüfungsordnung 08.09.2007	Überprüfung Verordnung des MKS über die Abschlussprüfung an Realschulen – zuletzt geändert am 8.Sept. 2007
Prüfungskommission: Fachlehrer, Beisitzer, Fremdprüfer	Nur der Fachlehrer prüft
Prüfungsthema und Prüfungsnote werden im Zeugnis vermerkt. Es gibt **keine** Anmeldenote! Vgl. Prüfungsordnung § 5, Abs. 1,2 u. 6–11	Das Überprüfungsergebnis ist Teil der Jahresleistung (1/3) Vgl. Notenbildungsverordnung § 9, Abs. 5
Die Erarbeitung findet außerhalb des Unterrichts statt. Vor der Prüfung ist eine Intensivphase von bis zu drei Wochen vorgesehen.	Die Erarbeitung des Projektes bzw. der gewählten Thematik wird in den Unterricht integriert.
Das Thema bezieht sich auf die Bildungsstandards von mindestens zwei Fächern oder Fächerverbünden.	Die gewählten Themen müssen vorwiegend einen Bezug zu den Bildungsstandards der Klasse 9 und10 haben.
Die Betreuung erfolgt durch zwei Lehrer.	Betreuung nur durch den Fachlehrer
Präsentation und Kolloquium Verbindlicher Zeitrahmen	Fachspezifische Arbeit, die dokumentiert, präsentiert und reflektiert wird.
Drei bis fünf Schülerinnen bzw Schüler arbeiten im Team.	Teamarbeit nicht verbindlich, aber erwünscht

Merkmale der Fachinternen Überprüfung im Fach Mensch und Umwelt

Bei dieser Überprüfung sollst du aufzeigen, dass du im Verlauf des Fach-Unterrichts verschiedene fachspezifische Kompetenzen erworben hast, wie zum Beispiel erproben, experimentieren, recherchieren, organisieren, dokumentieren, präsentieren usw. und dass du diese Kompetenzen auch sachgerecht einsetzen kannst. Daraus ergibt sich die Bewertung deiner Prüfungsleistungen.

Bewertung der Prüfungsleistungen in der Fachinternen Überprüfung

Prozessverlauf:	Deine Arbeitsweise wird während der Erarbeitungsphase von dir protokolliert und von der Lehrerin dokumentiert.
Dokumentation:	Ordner, Handout
Präsentation:	• Niveau deines Vortrags • sprachliche Kompetenz • Medienvielfalt und Medieneinsatz
Reflexion:	• Gespräch über die Präsentation • Beantwortung der Fragen von Mitschülern und Lehrerin

Die Dokumentationsmappe

Eine sorgfältig ausgearbeitete Dokumentationsmappe ist eine Grundlage für das Gelingen deiner Präsentation.
In Band 2 von *Mensch und Umwelt* findest du auf den Seiten 168/169 Vorschläge für die Vorgehensweise während der Erarbeitungsphase und Tipps für die Präsentation. Dabei helfen dir auch die Seiten zum Thema Präsentation im Schulbuch auf Seite 91, 132, 167 und auf den Seiten 42–43 in diesem Arbeitsheft.

Gestaltung der Dokumentationsmappe

- Titelblatt mit Namen
- Inhaltsverzeichnis
- Zielangabe, Fragestellung
- Thematische Ausarbeitung
- Abschließende persönlich Stellungnahme
- Protokollblatt
- Quellenverzeichnis

Literatur

- Handreichungen zur Realschulabschlussprüfung
  Ministerium für Kultus und Sport Baden Württemberg, 2. Auflage Nov. 2006
  www.schule-bw.de/schularten/realschule/pruefungen/realschulabschlusspruefung/rap07
  Handreichungen für Lehrer und Leitfaden für Schülerinnen und Schüler als pdf Datei

- Fachinterne Überprüfung an der Realschule
  Landesinstitut für Schulentwicklung, Stuttgart 2010
  www.schule-bw.de/schularten/realschule/aktuell/fachint

Beispiele für Themen der Fachinternen Überprüfung

Mögliche Themen (Bezug zu den Bildungsstandards Klasse 10)	**Inhalte und mögliche Praxisteile**
Fertigprodukte, der schnelle und praktische Trend für die moderne Küche	• Erkundung des Marktangebots • Umfragen • Vergleich von Fertigprodukten und selbst hergestellten Produkten (Desserts, Gebäck) • Bewertung unter ernährungsphysiologischen, ökologischen und ökonomischen Aspekten
Schlank und gesund durch funktionelle Lebensmittel, oder ist light wirklich light?	• Erkundung des Marktangebots • Verbraucherbefragung • Vergleich von Light-Produkten und funktionellen Produkten mit naturbelassenen Lebensmitteln • Bewertung unter ernährungsphysiologischen, ökologischen und ökonomischen Aspekten • Reduktionskost als Alternative
Nachhaltigkeit durch Lebensmittel aus der Region?	• Regionales und saisonales Lebensmittelangebot erkunden • Vergleich von Produkten aus unterschiedlicher Erzeugung (konventionell, integriert, ökologisch) • Eigene Herstellung von Produkten und Vergleiche mit entsprechenden Industrieprodukten
Globale Welternährung – Mangel und Überfluss!	• Vorgestellt an einem konkreten Beispiel (Hungergürtel der Welt) • Gründe für Mangelernährung erläutern • Folgen einer Mangelernährung aufzeigen • Ein üppiges Lebensmittelangebot bedeutet nicht grundsätzlich vollwertige und gesunde Ernährung
Essen früher und heute	• Erkunden und Bewerten regionaler Kost • Regionale Besonderheiten begründen • Vergleich der traditionellen Ernährung mit den aktuellen Ernährungsgewohnheiten • Gründe für die Veränderungen darlegen
Der alternde Mensch in der Gesellschaft, Probleme und Chancen	• Erkundung konkreter Hilfs- und Versorgungsangebote in der näheren Umgebung • Vergleich und Bewertung der verschiedenen Angebote • Erkundigung über Finanzierungsmöglichkeiten • Bewertung von Tagesspeiseplänen für Senioren • evtl. praktische Durchführung eines altengerechten Mittagessens
Funktionstextilien für Sport und Freizeit	• Recherche über innovative Funktionstextilien • Vorstellen und Bewerten aktueller Beispiele • Versuche zur Bekleidungsphysiologie • Vergleich von Funktionstextilien mit herkömmlichen Textilien • Mögliche Alternativen für den Freizeitsportler • Erfahrungsbericht , evtl. Befragung

Fachinterne Überprüfung: Protokoll

1 Besprecht zu Beginn der Arbeit die jeweiligen Aufgaben. Trage nach Beendigung deinen persönlichen Arbeitsfortschritt ein. Das Gruppenergebnis kann erst nach gemeinsamer Besprechung notiert werden. Wichtig: Führe dein Protokollblatt sorgfältig, es muss dem Dokumentationsordner beigefügt werden.

Datum	Arbeitsaufgabe	Mein Ergebnis	Gruppenergebnis

Bildquellenverzeichnis

S. 4.1 – 2: Statistisches Landesamt Baden-Württemberg – **S. 9.1 – 6:** Heiko Jegodtka, München – **S. 15.1:** Sonja Anderle/Diana Rieck – **S. 15.2:** Sonja Anderle/Diana Rieck – **S. 15.3:** BilderBox – **S. 15.4:** giropay GmbH – **S. 20:** BilderBox – **S. 22** Logos: Bioland – Verband für organisch-biologischen Landbau e.V., Biopark e.V., www.biokreis.de, Demeter e.V., www.ecovin.de, Gäa e.V. – Vereinigung ökologischer Landbau, Naturland e.V. – **S. 23:** imago – **S. 25:** mauritius images – **S. 31:** Ministerium für Ernährung und Ländlichen Raum, Stuttgart –
S. 35: BilderBox – **S. 37.1:** b.film/Cinetext – **37.2:** BSCI c/o FTA – **S. 41.1 – 4:** Fotolia – **S. 41.5 a + b:** Foto: Wilhelm Barthlott, Bonn – **S. 43:** Fotolia.

Umschlagabbildungen: **v. l.:** BilderBox – **v. r.:** Peter Wirtz, Dormagen.

Umschlagkonzept: Mendell & Oberer, München
Lektorat: Elisabeth Dorner, Berlin
Herstellung: Heiko Jegodtka
Illustrationen: Cleo-Petra Kurze, Berlin: S. 7; Klaus Puth, Mühlheim: S. 6, 8, 10, 11, 12, 15, 18, 19, 26, 28, 30, 31, 32, 33, 36, 40 u., 43, 44; Detlev Seidensticker, München: S. 4, 21, 43; Axel Weiß, Obernbreit: S. 40 o.
Satz: artesmedia GmbH, Grasbrunn

www.oldenbourg.de

1. Aufklage, 2. Druck 2015

Druck: H. Heenemann, Berlin

ISBN 978-3-637-01380-3

PEFC
PEFC/04-31-1156

PEFC zertifiziert
Dieses Produkt stammt aus nachhaltig bewirtschafteten Wäldern und kontrollierten Quellen.
www.pefc.de

Mensch und Umwelt

Haushalt • Wirtschaft • Gesundheit

Arbeitsheft 2 – Lösungen

Herausgegeben von
Margarete Schmid

Erarbeitet von
Sonja Anderle
Daniela Bühler
Heide Danner
Ingrid Klinga
Diana Rieck
Heidi Schirle

Oldenbourg

Vereinbarkeit von Beruf und Familie

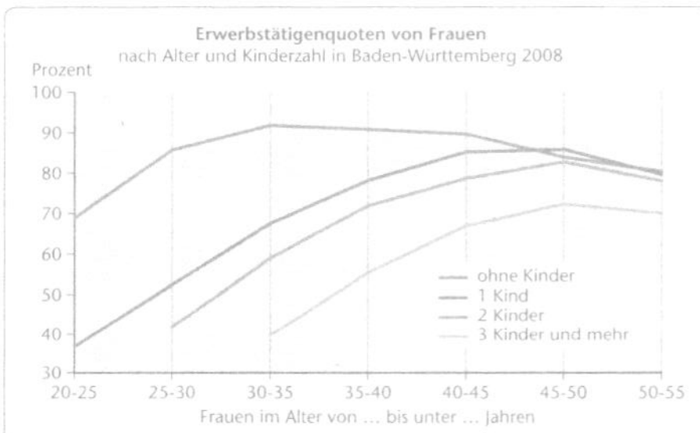

Quelle: http://www.statistik-bw.de/BevoelkGebiet/FaFo/Familie/tomZ_03_02.asp

1 Lies das Diagramm und setze richtig ein.

Das ist die Aussage dieses **Kurvendiagramms**:

Je *weniger* Kinder, desto *mehr* Frauen sind berufstätig.

Je *mehr* Kinder, desto *später* beginnt die Berufstätigkeit der Frauen.

Das Kurvendiagramm sagt nichts darüber aus, *wie viele Stunden* die Mütter am Tag oder in der Woche arbeiten.

2 Diskutiere: Warum ist die Erwerbstätigenquote bei älteren Frauen höher?

3 Was sagt die Statistik über die berufliche Biografie von Männern und Frauen?

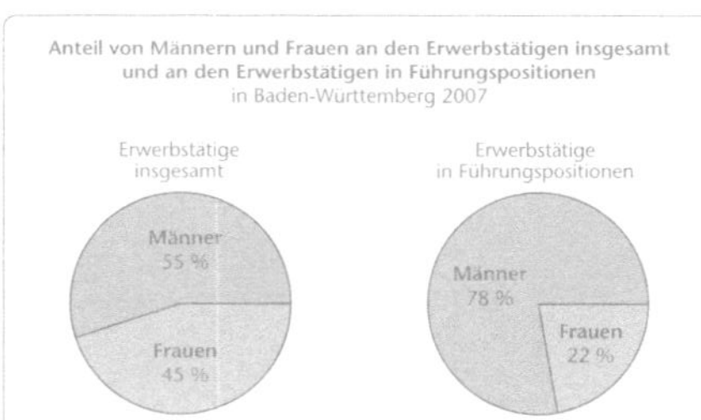

Quelle: Statistisches Bundesamt, Statistik Aktuell: Erwerbstätigkeit von Frauen und Männern in Baden-Württemberg, 2009.

Anteil der Absolventen mit Hochschulreife: Schülerinnen 29,0 Prozent, Schüler 22,9 Prozent (Statistisches Landesamt Baden-Württemberg, 2010)

Es steigen wesentlich weniger Frauen als Männer in Führungspositionen auf.

Der Anteil von Frauen in Führungspostionen ist im Vergleich zur Gesamtzahl erwerbstätiger Frauen erheblich niedriger.

4 Zeige Möglichkeiten auf, um Beruf und Familie zu vereinbaren.

Mutterschutzgesetz – Elterngeld – Elternzeit – Kindergeld

Beginn Schwangerschaft	Mitteilung an Arbeitgeber	6 Wochen vor Termin	Geburt	8 Wochen nach Geburt	Bis 12 Mon nach Geburt	Bis max. 3. Lebensjahr
Beschäftigungsverbot ggf. gemäß MuSchG §3 Abs. 1, §4, §8 Abs. 1, 3 oder 5		Mutterschutz MuSchG §3–§8				
		Mutterschaftsgeld MuSchG § 13–14 + Nettogehalt abzüglich Mutterschaftsgeld			Elterngeld BEEG §1–6	
			Kindergeld EStG §31–§32, §62–§78 →			
			Elternzeit BEEG §15–§16			
	Kündigungsschutz MuSchG §9–§10				Kündigungsschutz BEEG §18–§19	

MuSchG = Mutterschutzgesetz; BEEG = Bundeselterngeld und -elternzeitgesetz; EStG = Einkommensteuergesetz
Quelle: http://bundesrecht.juris.de. Stand: August 2010

1 Kann man als Schwangere gekündigt werden? (MuSchG §9+10)

Kündigungsschutz ab Information des Arbeitgebers bis 8 Wo nach Geburt oder bis maximal 3 Jahre nach Geburt, Arbeitsverhältnis bleibt bestehen.

2 Wann darf eine Schwangere nicht mehr arbeiten (Beschäftigungsverbot)? (MuSchG §3–§8 oder unter dem Stichwort „Mutterschutz")

Beschäftigungsverbot 6 Wo vor und bis 8 Wochen nach der Geburt

3 Für welchen Zeitraum erhalten Eltern Elterngeld in Höhe von 65–67 % des Nettogehalts? (BEEG §1–§6)

Ab der Geburt des Kindes für 12 Monate + ggf. 2 Partnermonate

4 Welchen Zeitraum umfasst die Elternzeit und wie viel Geld erhält man in dieser Zeit? (BEEG §15–16, EStG §31–32+§62–§78 oder unter Stichwort Elternzeit und Kindergeld auf www.bmfsfj.de).

Jeder Elternteil hat bis zur Vollendung des dritten Lebensjahres des Kindes Anspruch auf Elternzeit, das Arbeitsverhältnis bleibt bestehen, Anspruch auf Rückkehr zu vergleichbarem Arbeitsplatz, 7 Wochen vor Beginn schriftlich anmelden. Elterngeld im ersten Jahr, dann nur noch Kindergeld.

E 5 Finde heraus (www.bmfsj.de): Wann muss die Schwangere ihren Arbeitgeber informieren? (MuSchG §5)

Schwangere SOLLEN dem Arbeitgeber Bescheid geben, sobald die Schwangerschaft bekannt ist. Erst bei Mitteilung beginnt der Kündigungsschutz!

E 6 Gibt es für Schwangere besonderen Schutz am Arbeitsplatz? (MuSchG §2, §4, §8)

Sitzgelegenheiten, Pausen, Nachtarbeit und Überstunden geregelt, keine schwere körperliche Arbeit

Quiz: Elterngeld und Elternzeit

1 Richtig oder falsch? Kreuze an.

		Richtig	Falsch
1	Elterngeld bekommen Mütter oder Väter, die ihr Kind nach der Geburt betreuen und in einem Haushalt leben für die Dauer von bis zu 14 Monaten in Höhe von 65–67 % ihres Nettoeinkommens, max. 1.800 €.	✗	
2	Auch eine teilzeitarbeitende Mutter hat Anspruch auf Elterngeld.	✗	
3	Während der gesamten Elternzeit bekommt die Mutter einen Teil ihres Gehaltes.		✗
4	Hausfrauen können kein Elterngeld beantragen.		✗
5	Elternzeit kann ab der Geburt bis zur Vollendung des 3. Lebensjahres beantragt werden.	✗	
6	Wenn während der Elternzeit ein zweites Kind geboren wird, schließt sich die Elternzeit für das weitere Kind an die abgelaufene erste Elternzeit an.	✗	
7	Die Elternzeit kann zwischen den Partnern aufgeteilt werden, auch für einzelne Monate und Wochen.	✗	
8	Der Arbeitnehmer muss spätestens 7 Wochen vor Beginn der Elternzeit den Arbeitgeber informieren.	✗	
9	Wenn der Arbeitgeber nicht über die Schwangerschaft informiert ist und eine Kündigung ausspricht, ist diese wirksam, auch wenn die Frau schwanger ist.	✗	

2 Korrigiere die falschen Antworten.

3: Eltern erhalten das Elterngeld in Höhe von 67 % des Nettogehalts bis 12 Monate nach der Geburt, zuzüglich gegebenenfalls 2 Partnermonaten.

4: Das Mindestelterngeld von 300 Euro erhalten alle, die nach der Geburt ihr Kind selbst betreuen und höchstens 30 Stunden in der Woche arbeiten, etwa auch Studierende, Hausfrauen und Hausmänner und Eltern, die wegen der Betreuung älterer Kinder nicht gearbeitet haben.

3 Die Elternzeit wird bei Vätern immer beliebter. Suche Gründe.

4 Welche Bedeutung hat die Elternzeit für die Entwicklung von Kindern?

5 Was sollten Eltern bei längerer Elternzeit unternehmen, damit sie wieder ohne Probleme in den Beruf einsteigen können?

Ernährung in der Schwangerschaft

Lese die Seiten 16 und 17 in deinem Buch und beantworte die Fragen.

1 Nährstoff Eiweiß

1.1 Warum wird ab dem 4. Monat mehr Eiweiß benötigt?

Zum Aufbau von Gewebe und Organismus des Kindes.

1.2 Welche Lebensmittel eignen sich besonders gut dazu, diesen erhöhten Eiweißbedarf zu decken? Warum?

Lebensmittel, die ein biologisch hochwertiges Eiweiß enthalten, z. B. Milch und Milchprodukte, mageres Fleisch, magerer Fisch, Eier und Hülsenfrüchte.

2 Nährstoff Fett

2.1 Wie groß ist der Fettbedarf während der Schwangerschaft?

Die Fettzufuhr sollte in der Schwangerschaft kaum gesteigert werden.

2.2 Welche Fette sollten bevorzugt werden?

Pflanzliche Öle und Fette sollten bevorzugt werden.

3 Nährstoffe Vitamine und Mineralstoffe

Welche Lebensmittel eignen sich zur Deckung des erhöhten Bedarfs an Vitaminen und Mineralstoffen?

Obst, Gemüse, Vollkornprodukte, Milch und Milchprodukte, Fleisch.

4 Nährstoff Kohlenhydrate

4.1 Welche kohlenhydratreichen Lebensmittel eignen sich besonders gut, um den erhöhten Kalorienbedarf ab dem 4. Monat zu decken?

Kartoffeln und Vollkornprodukte, sie enthalten außerdem noch viele Vitamine und Mineralstoffe.

4.2 Welche Lebensmittel sollen vorzugsweise verzehrt werden, um den Hunger nach Süßem zu stillen? Begründe.

Obst und Vollkorngebäck, da damit auch Vitamine, Mineralstoffe und Ballaststoffe aufgenommen werden.

E 5 Recherchiere im Internet zu den möglichen Folgen von Alkohol- und Nikotinkonsum in der Schwangerschaft. Stelle die Ergebnisse der Klasse vor. Suche auch entsprechende Bilder für deine Präsentation.

Einige wichtige Grundsätze zur Erziehung von Kindern

1 Finde die zusammengehörenden Satzteile und verbinde sie farbig.

A	Nimm dir Zeit für dich,	*H*	denn „was ich gieße, das wächst auch".
B	Nimm dir Zeit für dein Kind,	*D*	denn dein Kind ist kein Erwachsener und darf auch nicht einen fehlenden Partner ersetzen.
C	Einem Kind nicht alles zu erlauben ist anstrengend und du wirst dafür auch oft unbeliebt sein,	*A*	denn nur wenn es dir selbst gut geht, kannst du deinem Kind gegenüber ausgeglichen und gerecht sein.
D	Einige Dinge sollten ohne Kinder besprochen und entschieden werden,	*C*	aber langfristig wird es dir dein Kind danken.
E	Tue nichts für dein Kind, was es selbst tun kann,	*E*	nur so lernt es, selbstständig zu werden.
F	Wenn du dein Kind einmal ungerecht behandelt hast,	*K*	z. B. beim gemeinsamen Essen oder nach der Mittagsruhe.
G	Wenn Situationen eskalieren, dann schweige und	*F*	entschuldige dich dafür und erkläre dein Verhalten.
H	Setze auf die Stärken deines Kindes,	*B*	denn kein materieller Wohlstand oder keine Geschenke können gemeinsame Zeit aufwiegen.
I	Ignoriere das Verhalten, welches du nicht haben willst,	*G*	verlasse den Raum bzw. bringe das Kind ins Kinderzimmer, damit sich alle beruhigen.
K	Schaffe regelmäßige Zeiten und Räume für richtige Gespräche mit deinem Kind,	*I*	dann wird dein Kind weniger Gefallen daran finden.

2 Finde fünf Beispielsituationen für fünf der Regeln. Es können positive oder negative Beispiele sein.

3 Fallen dir noch weitere Regeln ein? Schreibe sie auf.

E 4 Diskutiert diese Maßnahme:
Susi (5 Jahre) soll zur Selbstständigkeit erzogen werden und darf selbst entscheiden, wann sie ins Bett geht.

Die Betreuung von Kindern bis zum Kindergartenalter (2)

Betreuungsart	Vorteile	Nachteile
Oma 	*Nimmt Kind auch bei Krankheit* *Liebevoll* *Flexibel bei Zeiten* *Kostenlos*	*Abhängigkeit, Unterschiedliche Erziehungsansichten, Kein Kontakt zu anderen Kindern, Problem, wenn Oma plötzlich krank wird / in Urlaub will, Oma erwartet später von Kindern und Enkeln vielleicht, dass sie sich besonders um sie kümmern, weil sie auch geholfen hat.*
Kinderkrippe 	*Nicht zu teuer – ca. 450 € pro Monat bei 35 Stunden / Woche* *Kontakt zu anderen Kindern* *Ausgebildete Erzieherinnen*	*Oft zu wenig Plätze, Lange Wartezeiten, Bei Krankheit muss das Kind zu Hause bleiben, Oft sind die Gruppen zu groß, Oft muss ein Vollzeitplatz bezahlt werden, auch wenn nur Teilzeit gebraucht wird*
Tagesmutter 	*Hat nur 3-5 Kinder* *Enge Bezugsperson für Kinder* *Ausgebildet und vom Jugendamt überwacht* *Kind unter anderen Kindern* *Flexibel einsetzbar – bezahlt werden nur die benötigten Stunden* *Offenes Gespräch über Erziehungsmethoden möglich*	*Honorar: 5-8 € pro Stunde* *Bei Krankheit muss das Kind zu Hause bleiben* *Qualität steht und fällt mit der Tagesmutter!*
Leihoma 	*Kinder lernen von der älteren Generation* *Gute Alternative, wenn Großeltern weit weg wohnen oder verstorben sind* *Geringe Kosten*	*Nur wenige Stunden Betreuung pro Woche* *Keine Vertretung bei Krankheit*

Einkaufen von Zuhause aus

Fernabsatzgeschäfte sind Geschäfte, bei denen du den Verkäufer nicht persönlich triffst.

Besonderheiten bei Fernabsatzgeschäften

Bestellung per Telefon, Fax, E-Mail, Internet, Post, etc.

Käufer (Verbraucher)

Widerrufsrecht
- Kaufvertrag kann innerhalb von 14 Tagen rückgängig gemacht werden.
- Begründung ist nicht notwendig, Rücksendung der Ware reicht aus.
- Portofreie Rücksendung ab einem Warenwert von 40 €.
- Retourschein zur Rücksendung sollte ausgefüllt werden.

Verkäufer (Unternehmen)

Warenlieferung

Für folgende Waren gilt kein 14-tägiges Rückgaberecht:
- Lebensmittel.
- Zeitschriften, Zeitungen und Illustrierte.
- CDs und DVDs können nicht zurückgegeben werden, wenn die Versiegelung aufgebrochen wurde.
- Maßanfertigungen, also Ware, die nach deinen Wünschen angefertigt wurde.

1 Vergleiche Kaufverträge, die unter das Fernabsatzgeschäft fallen, mit normalen Kaufverträgen. Nenne Vor- und Nachteile von Fernabsatzgeschäften.
(Wichtige Informationen zum Kaufvertrag findest du in deinem Schulbuch auf Seite 50.)

Vorteile	Nachteile
• *Der Kaufvertrag kann ohne Angabe von Gründen innerhalb von 14 Tagen rückgängig gemacht werden*	• *schwarze Schafe im Internetversand (schlechte Qualität, kein Versand)*
• *portofreie Rücksendung ab 40 €*	• *Risiko beim Bezahlen im Internet*
• *oft billiger als im Fachgeschäft*	• *oft hohe Versandkosten*
• *Ein Preisvergleich ist schnell und einfach möglich*	• *keine fachliche Beratung*
• *Die Ware wird an die Haustüre gebracht.*	
• *Es kann rund um die Uhr bestellt werden.*	

2 Welche Erfahrungen hast du beim Einkaufen im Internet gemacht?

E 3 Warum ist die Unterscheidung zwischen normalen Kaufverträgen und Fernabsatzgeschäften für den Käufer wichtig?

Zahlungsformen (2)

1 Nenne Vor- und Nachteile der unterschiedlichen Zahlungsformen für den Käufer.

Nachnahme Vorteile	Nachnahme Nachteile
• *Ware wird gegen Geld geliefert, kein Risiko.*	• *Hohe Gebühren* • *Es muss möglichst passend mit Bargeld bezahlt werden.*

Vorauskasse Vorteile	Vorauskasse Nachteile
keine	• *Ware muss vor der Lieferung bezahlt werden. Es besteht das Risiko, dass der Verkäufer die Ware nicht liefert* • *Verkäufer erhält die persönlichen Kontodaten des Käufers.*

Lastschrift Vorteile	Lastschrift Nachteile
• *Eine Lastschrift kann innerhalb von 6 Wochen zurückgegeben werden.*	• *Verkäufer erhält eine Abbuchungserlaubnis vom Kunden. Es besteht das Risiko, dass der Verkäufer zu viel abbucht.* • *Verkäufer erhält die persönlichen Kontodaten des Käufers.* • *Kontrolle der Kontoauszüge ist wichtig, um Fehlabbuchungen zu erkennen.*

Kreditkarte Vorteile	Kreditkarte Nachteile
• *Haftungsbeschränkung auf 50€* • *Fehlabbuchungen können storniert werden.*	• *Kontrolle der Kreditkartenabrechnung ist wichtig, um Fehlabbuchungen zu erkennen.*

Giropay Vorteile	Giropay Nachteile
• *Verkäufer erhält keine persönlichen Kontodaten vom Käufer.* • *Internetverkäufer benötigen eine gute Bonität, um Giropay anbieten zu dürfen Dies bedeutet größere Sicherheit für den Käufer.*	• *Die Ware wird erst nach Geldeingang geliefert.* • *Trotz geprüfter Bonität der Verkäufer durch Giropay handelt es sich um eine Vorauskasse (s. o.)*

2 Welche Zahlungsmöglichkeit hat Oliver genutzt? Was würdest du ihm in Zukunft raten? Begründe.

Oliver hat per Vorauskasse bezahlt. Besser für den Kunden ist die Bezahlung per Rechnung nach Warenerhalt. Weitere relativ sichere Bezahlmöglichkeiten sind das Bezahlen per Kreditkarte oder GiroPay.

Reklamation – gewusst wie! (2)

1 Dein Chef möchte dein Wissen testen und legt dir verschiedene Behauptungen vor. Entscheide, ob sie richtig oder falsch sind. Berichtige die falschen Behauptungen.

Der große Eignungstest zum Verbraucherschutz	Richtig	Falsch
1. Der Käufer kann bei fehlerhafter Ware zwischen Reparatur und Ersatzlieferung wählen.		✗
2. Der Verkäufer hat das Recht, bei fehlerhafter Ware zweimal Ersatz zu liefern.		✗
3. Bei Geschenken hat man immer das Recht diese umzutauschen.		✗
4. Die Reklamationsfrist beträgt 12 Monate.		✗
5. Der Käufer darf bei fehlerhafter Ware sofort vom Kaufvertrag zurücktreten.		✗
6. Der Verkäufer hat das Recht, fehlerhafte Ware zweimal zu reparieren, bevor der Käufer vom Kaufvertrag zurücktreten kann.	✗	
7. Der Käufer muss für die Reparatur von fehlerhaften Geräten nichts bezahlen.	✗	

1. Der Verkäufer bestimmt, ob er den Gegenstand repariert oder ein neues Produkt liefert.

2. Der Verkäufer darf nur einmal Ersatz liefern.

3. Der Umtausch von Waren, die keine Fehler haben, sondern dir nur nicht gefallen oder nicht passen, ist ein Entgegenkommen des Verkäufers. Der Käufer hat kein Recht darauf.

4. Sie beträgt 24 Monate.

5. Der Käufer muss dem Verkäufer erst die Möglichkeit geben, die Ware zu reparieren bzw. die Ware durch eine fehlerfreie zu ersetzen.

2 Diese Fälle landen auf deinem Schreibtisch. Zeige Lösungswege auf.

Verzweifelte Verbraucher suchen Rat

1 In einem Geschäft steht ein Schild „Schlussverkaufsware vom Umtausch ausgeschlossen". Frau Meier kauft in diesem Geschäft einen Pullover für Claudia. Zu Hause stellt sie fest, dass am Ärmel ein Fleck ist.

Fehlerhafte Ware darf zurückgegeben werden.

2 Lara hat zu Weihnachten eine neue Skijacke bekommen. Beim Anprobieren stellt sie fest, dass sie zu klein ist.

Lara hat kein Recht auf Umtausch. Meist wird die Ware aber umgetauscht.

3 Du hast dir einen Fernseher gekauft. In 3 Monaten war der Fernseher bereits dreimal bei der Reparatur.

Du kannst vom Kaufvertrag zurücktreten und bekommst dein Geld zurück.

Garantie und Gewährleistung

Garantie und Gewährleistung im Vergleich

Garantie und Gewährleistung werden gerne verwechselt.

Bei der *Gewährleistung* handelt es sich um einen *gesetzlich* geregelten Anspruch, der auf zwei Jahre festgelegt ist. Der Käufer hat gegenüber dem Verkäufer das Recht auf mangelfreie Ware.

Du hast dir eine Stereoanlage gekauft. Nach acht Monaten stellst du fest, dass der CD-Wechsler nicht mehr funktioniert. Du bringst das Gerät zurück und reklamierst. Weil bereits mehr als 6 Monate seit dem Kauf vergangen sind, musst du beweisen, dass der Mangel nicht aufgrund eines Bedienungsfehlers entstanden ist.

Die Garantie ist eine Leistung, die vom Hersteller *freiwillig* eingeräumt wird. Der Hersteller entscheidet, wofür er eine Garantie ausstellt und über welchen Zeitraum hinweg diese gelten soll. So gibt es zum Beispiel bei verschiedenen Autos eine Durchrost- oder Mobilitätsgarantie.

Garantien sollen vor allem das Vertrauen des Verbrauchers in ein bestimmtes Produkt oder die Herstellerfirma stärken. Oftmals übersehen die Käufer aber, dass viele Garantien an Bedingungen geknüpft sind. Zum Beispiel gelten Durchrostgarantien nur unter der Voraussetzung, dass jährlich kostenpflichtige Inspektionen durchgeführt werden, andernfalls verfällt dieser Anspruch.

Bei einer Kaufentscheidung gilt es also, Garantien genau zu hinterfragen. Garantien der Hersteller machen nur dann Sinn, wenn sie bezüglich Laufzeit und Leistungsumfang über die gesetzlichen Gewährleistungsansprüche hinausgehen.

Sowohl bei der Garantie als auch bei der Gewährleistung ist es wichtig, den Kassenbon als Beweisdokument aufzubewahren.

1 Lies den Text zu Garantie und Gewährleistung und stelle die Mindmap fertig.

Gewährleistung
- *Dauer 2 Jahre*
- *Gesetzlich geregelter Anspruch auf mangelfreie Ware*
- *Beweislastumkehr: Der Käufer muss rach 6 Monaten beweisen, dass kein Bedienungsfehler vorliegt. In den ersten 6 Monaten ist kein Beweis notwendig.*
- *Kassenbon muss als Beweisdokument aufbewahrt werden.*

Garantie
- *Kassenbon muss als Beweisdokument aufbewahrt werden.*
- *Wird vom Hersteller freiwillig eingeräumt*
- *Dauer, Umfang und Inhalt der Garantie bestimmt der Hersteller*
- *Ist oft an bestimmte Bedingungen geknüpft*
- *Ziel: das Vertrauen der Kunden in ein Produkt stärken.*
- *Garantien machen nur Sinn, wenn sie über die gesetzliche Gewährleistung hinausgehen.*

Lebensmittelproduktion in der Landwirtschaft (2)

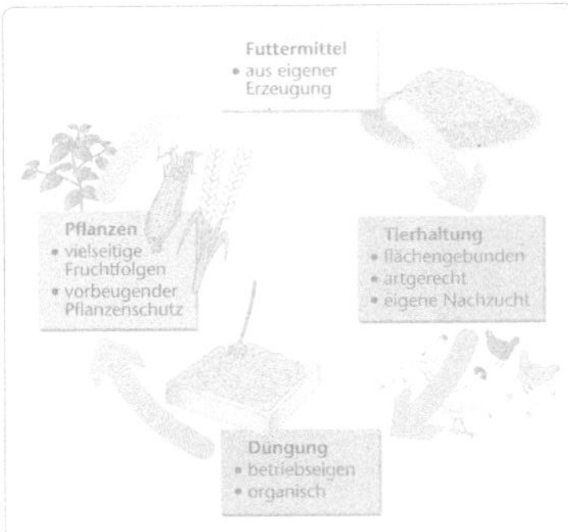

Ökologisch orientierte Landwirtschaft

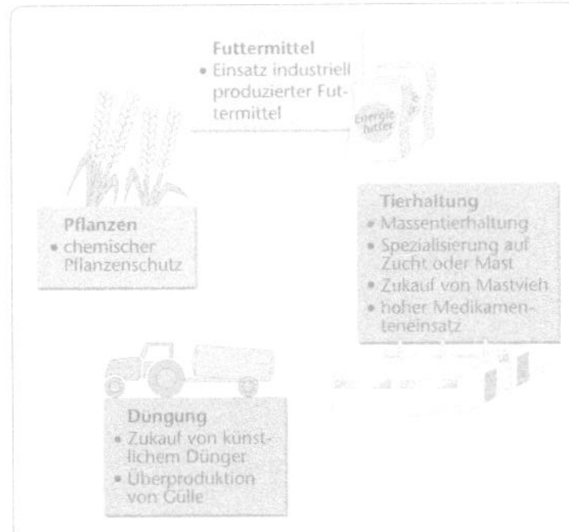

Konventionelle Landwirtschaft

1 Fülle mit den Informationen aus dem Text und den Abbildungen oben die Tabelle aus.

	Alternativer oder ökologischer Landbau	Konventioneller Landbau
Besondere Kennzeichen	*Rationalisierung*	*Schonung des natürlichen Ökosystems*
	• Ausbringen von Pflanzenschutzmitteln zur Ertragssteigerung	
	• Einsatz von Arzneien in der Tierhaltung	
Tierhaltung	*• vorwiegend Massentierhaltung*	*• artgerechte Tierhaltung*
	• meist Spezialisierung auf Zucht oder Mast	*• eigene Nachzucht*
		• an die Fläche gebundene Tierhaltung
	• Zukauf von Mastvieh	
Pestizide / Herbizide	*Anwendung von Pflanzenschutzmitteln*	*Verzicht auf chemische Pflanzenschutzmittel und Mineraldünger*

Bio im Vergleich

1 Ergänze die Lücken mit den richtigen Begriffen.

Bio-Bauer • konventionelle • ausreichend Platz • leicht lösliche Mineraldünger • geringer • viel weniger Milchkühe, Hühner oder Rinder • ökologische Landbau • Pflanzenschutzmittel

Warum sind Bio-Lebensmittel teurer?

Der *ökologische Landbau* bedeutet mehr Arbeitsaufwand; er braucht mehr Zeit und birgt höhere Risiken als der *konventionelle*. Ohne *Pflanzenschutzmittel* und *leicht lösliche Mineraldünger* fallen die Erträge deutlich *geringer* aus und es besteht immer die Gefahr, dass Schädlinge und Krankheiten ganze Ernten vernichten. Unkräuter müssen mechanisch bekämpft, Schweine länger gemästet werden. Ein *Bio-Bauer* kann auf seinem Hof außerdem *viel weniger Milchkühe, Hühner oder Rinder* halten. Das liegt zum einen daran, dass er ihnen *ausreichend Platz* und Auslauf oder Weidegang bietet und zum anderen, dass er das Futter für die Tiere weitestgehend selbst erzeugt. […]

2 Erkundet in eurer Umgebung einen Hofladen oder einen Bauernhof mit Direktverkauf. Erstellt vorher einen Fragebogen mit zum Beispiel Fragen zu den angebauten Lebensmitteln, der Landbau-Form, dem verwendeten Siegel.

3 Erkundet einen Wochenmarkt in der Nähe.
Wie viele Stände bieten Bio-Lebensmittel an? Welche Lebensmittel werden angeboten? Wie viel kosten diese Lebensmittel im Vergleich zu konventionell hergestellten Produkten?

E 4 Berechne die Ökobilanz deiner Mahlzeit. (http://fussabdrucksrechner.at/food_footprint.php?lang=deutsch)

E 5 Im Supermarkt werden auch Bio-Lebensmittel angeboten, die aus fernen Ländern, wie zum Beispiel Israel, kommen. Ist es gerechtfertigt, dass diese Lebensmittel trotz der langen Reise mit einem Bio-Siegel versehen sind? Diskutiert in der Klasse.

Anwendungsbereiche von Zusatzstoffen

Für industriell produzierte Lebensmittel sind Zusatzstoffe nötig. Die heute verwendeten Zusatzstoffe werden hauptsächlich eingesetzt, um das Aussehen, die Haltbarkeit, den Nährwert und die Verarbeitungseigenschaften zu beeinflussen. Margarine zum Beispiel erhält ihre Streichfähigkeit durch den Zusatz von Emulgatoren.

Anwendungsbereich		Zusatzstoff	Lebensmittel
Sensorische Eigenschaften	Geruch und Geschmack verbessern	Aromen und Geschmacksverstärker unterdrücken Geschmacksfehler und lassen Speisen immer gleich schmecken.	*Fertigsuppen aus der Tüte* *Fertiggewürzmischungen* *Fertigsoßen*
	Aussehen verändern	Farbstoffe verleihen ein farbiges und appetitanregendes Aussehen.	*Käse* *Pudding – Pulver* *Gummibärchen*
	Konsistenz verändern	Geliermittel und Verdickungsmittel verleihen Lebensmitteln eine festere Beschaffenheit. Emulgatoren verbessern die Streichfähigkeit.	*Schmelz- und Streichkäse* *Eiscreme* *Fertigdesserts* *Margarine*
Lebensmittel-haltbarkeit	Lebensmittel-verderb vorbeugen	Konservierungsstoffe erhöhen die Haltbarkeit von Lebensmitteln, indem sie den Verderb durch Schimmelpilze und Bakterien hinauszögern.	*Trockenfrüchte* *Schnittbrot* *Brotaufstriche*
Nährwert	Zuckergehalt reduzieren	Süßstoffe vermindern den Energiegehalt in Lightprodukten.	*Light – Softdrinks* *Diabetikermarmelade*
	Fettgehalt reduzieren	Emulgatoren oder Verdickungsmittel ermöglichen den Austausch von Fett durch Wasser.	*Light-Brotaufstriche* *Halbfettbutter*

1 Finde für jeden Anwendungsbereich ein passendes Lebensmittelbeispiel und trage es in die Tabelle ein.

E 2 Im 16. Jahrhundert sagte der Arzt Paracelsus: „Alle Dinge sind Gift, nichts ist ohne Gift, nur die Dosis bestimmt, wann ein Ding kein Gift ist."
Diskutiere diese Aussage im Hinblick auf die Zusatzstoffe.

Zusatzstoffe sind in unseren Lebensmitteln so weit verbreitet, dass sie kaum vermieden werden können. Ziel in unserer Ernährung sollte es aber sein, Lebensmittel mit vielen Zusatzstoffen zu meiden und so die Gesamtverzehrmenge an Zusatzstoffen zu reduzieren.

Zusatzstoffe auf dem Prüfstand

„Der Nachweis der gesundheitlichen Sicherheit ist die zentrale Voraussetzung dafür, dass ein Stoff als Zusatzstoff zugelassen wird. Doch selbstverständlich bleibt bei allen Tests und Prüfungen immer eine Unsicherheit. Dennoch wird eine generelle Warnung vor Zusatzstoffen den Tatsachen ebenso wenig gerecht wie die allgemeine Behauptung, alle Lebensmittelzusatzstoffe seien völlig unbedenklich."
(Verbraucher konkret: Lebensmittelzusatzstoffe Seite 13)

Zudem sind Menschen verschieden. Was bei dem einen Allergien oder Verdauungsstörungen hervorrufen kann, bleibt beim anderen gänzlich ohne Wirkung.

Viele Substanzen, natürliche und synthetische, können jedoch dann bedenklich sein, wenn sie in größeren Mengen verzehrt werden. Bislang nicht ausreichend erforscht sind auch die Wechselwirkungen bei Kombination verschiedener Zusatzstoffe. Für die meisten Zusatzstoffe sind innerhalb der EU die Verwendungsmengen begrenzt, da Zusatzstoffe immer wieder im Verdacht stehen, Krankheiten auslösen zu können. So sind zum Beispiel die Süßstoffe Aspartam, Cyclamat und Saccharin häufig in der Kritik. In den USA ist Cyclamat seit 1969 verboten, nachdem Tierversuche nahelegten, der Süßstoff sei krebserregend.

Die zugrunde liegenden Studien sind allerdings umstritten und konnten in Vergleichsstudien nicht bestätigt werden. Glutamate (Geschmacksverstärker) können in Wechselwirkung mit anderen Stoffen Krankheiten auslösen.

1 Lies den Text und verbinde die Satzanfänge mit den richtigen Satzenden.

E 1 Lies die Zutatenliste aufmerksam …
D 2 Bevorzuge regionale und saisonale Biolebensmittel, denn …
B 3 Frage bei unverpackten Lebensmitteln (z. B. beim Bäcker, Metzger etc.) …
A 4 Kaufe möglichst unverarbeitete Lebensmittel …
C 5 Achte vor allem bei Gewürzen und Gewürzmischungen z. B. Gemüsebrühe …

A und bereite möglichst viel selbst zu.
B das Verkaufspersonal nach Zusatzstoffen.
C aufs Etikett.
D hier dürfen wesentlich weniger Zusatzstoffe verwendet werden als bei konventionellen Lebensmitteln.
E und achte auf gesundheitsgefährdende Zusatzstoffe.

2 Deine Freundin Tanja hat in der Zeitung einen kritischen Artikel über Zusatzstoffe gelesen und fühlt sich nun unsicher. Sie bittet dich als MUM-Schüler/-in um Ratschläge im Umgang mit Zusatzstoffen. Schreibe einen Brief an Tanja und gib ihr Tipps. Die Sätze aus Aufgabe 1 helfen dir dabei.

Ist süß gleich süß?

Süßungsmittel
Kekse für Diabetiker schmecken süß, lassen den Insulinspiegel aber nicht ansteigen, Kaugummis ohne Zucker helfen, Karies vorzubeugen und viele Light-Produkte bieten Süße ohne überflüssige Kalorien. Substanzen, die süß machen, ohne die Stoffwechselwege des Zuckers zu gehen, sind weit verbreitet. Innerhalb der Gruppe dieser so genannten Süßungsmittel werden Zuckeraustauschstoffe von Süßstoffen unterschieden.

Zuckeraustauschstoffe
Zuckeraustauschstoffe wie z. B. Mannit, Sorbit und Xylit haben keinen Einfluss auf den Blutzucker und den Insulinspiegel und sind deshalb in Diabetikerprodukten weit verbreitet. Allerdings liefern sie beim Abbau eine kleine Menge Energie von ungefähr 8 – 16 kJ/g, daher helfen sie nicht unbedingt beim Abnehmen. Zuckeraustauschstoffe werden im Dünndarm nur sehr langsam abgebaut und gelangen daher unverändert in die unteren Darmabschnitte. Weil sie dort ihrer Umgebung Wasser entziehen, führen sie schnell zu Durchfällen.

Süßstoffe
Süßstoffe wie zum Beispiel Aspartam, Acesulfam und Saccharin sind Zuckerersatzstoffe. Sie sind um das 30- bis 3000fache süßer als Zucker und werden deshalb nur in sehr kleinen Mengen eingesetzt. Weil ihr Energiegehalt im Verhältnis zur Süßkraft nur sehr gering ist, liefern Süßstoffe in den normalerweise verzehrten Mengen praktisch keine Energie.

1 Entscheide, ob die Aussagen richtig oder falsch sind. Korrigiere die falschen Aussagen.

	Richtig	Falsch
1 Zuckeraustauschstoffe sind bis zu 3000 mal süßer als Zucker.		✗
2 Zuckeraustauschstoffe liefern keine Energie und sind daher zum Abnehmen geeignet.		✗
3 Süßstoffe werden aufgrund ihrer Süßkraft nur in sehr geringen Mengen eingesetzt.	✗	
4 Light-Produkte enthalten im Normalfall keine Zuckeraustauschstoffe, sondern Süßstoffe.	✗	

1. Süßstoffe sind bis zu 3000mal süßer als Zucker.

2. Zuckeraustauschstoffe liefern Energie und sind daher nicht zum Abnehmen geeignet.

2 Suche je vier Lebensmittel, die Süßstoffe oder Zuckeraustauschstoffe enthalten. (In deiner Auswahl dürfen max. 2 Getränke enthalten sein.)

Süßstoffe: Light-Softdrinks, Essiggurken, Light-Joghurt, Light-Ketchup, Früchtekonserven ohne Zucker

Zuckeraustauschstoffe: Diabetikerprodukte aller Art, Zahnpflegekaugummi (Xylitol)

Süßstoffe

Versuche an Ratten beweisen: Süßstoffverzehr macht fett!

Amerika in Angst – Immer mehr Dicke trotz Softdrinks ohne Kalorien

Süße Sünden – Verzehr ohne Reue!?

Schlank in 14 Tagen – der neue Süßstoff macht's möglich!

Viele Studien – viele Meinungen – und doch kein Ergebnis
Forscher streiten weiter über die Auswirkungen von Süßstoffverzehr

Machen Süßstoffe dick?

Wer mit Süßstoffen versetzte Getränke konsumiert, tut dies meist, um Kalorien zu sparen – also um kein Gewicht zuzulegen. Doch es gibt immer mehr Belege dafür, dass die kalorienfreien Getränke eher zu Übergewicht führen, als helfen es zu vermeiden. Eine aktuelle Laborstudie an Ratten zeigt jetzt, wie der Süßstoff Saccharin das Fressverhalten der Tiere beeinflusst. …

Die Forscher fütterten für die Studie Ratten mit Joghurt, der entweder mit normalem Zucker oder mit kalorienlosem Saccharin gesüßt war. Ratten, denen der Süßstoff vorgesetzt worden war, fraßen später größere Mengen kalorienreicher Nahrung und nahmen in der Folgezeit mehr Gewicht zu als die anderen Ratten. Die Forscher erklären sich ihre Ergebnisse folgendermaßen: Gibt es keine Verbindung zwischen Süße und Kalorien mehr, fährt der Körper bei weiteren süßen Mahlzeiten die Verdauung nicht mehr auf das normale Level hoch. Die Verwertung der Nährstoffe wird schlechter und der Körper verlangt mehr süße Produkte als zuvor. Dies bleibt auch dann noch der Fall, wenn die Süße wieder durch kalorienreiche Kost hervorgerufen wird. …

Die Forscher betonen, dass weitere Untersuchungen notwendig sind und Versuche, die an Ratten durchgeführt wurden, nur sehr bedingt auf den Menschen übertragbar sind. Allerdings zeigen Studien aus den USA, dass seit Einführung von Diät-Erfrischungsgetränken die Zahl der Fettleibigen deutlich gestiegen ist. Andere Forscher haben außerdem einen Zusammenhang zwischen vermehrtem Genuss von Diätgetränken und höherem Risiko für Fettablagerungen in der Bauchhöhle, Bluthochdruck und Insulinresistenz beobachtet.

ddp/bub

(http://www.stern.de/wissen/ernaehrung/studie-warum-suess-stoff-dick-machen-kann-610512.html, 11.02.2008)

1 Lest die Schlagzeilen und den Zeitungsartikel. Interpretiert die Schlagzeilen mit Hilfe des Zeitungsartikels. Weshalb sind die Schlagzeilen so widersprüchlich?

Erkenntnis: Die Schülerinnen und Schüler sollen erkennen, dass es trotz vieler Studien noch keine genauen Erkenntnisse über Süßstoffe gibt, deren Verwendung aber durchaus kritisch zu betrachten ist. Auf der anderen Seite stehen die mächtigen Produzenten von Diät- und Light- Produkten. Sie möchten durch gezielte Werbung das Image ihrer Produkte stärken.

Lebensmittelimitate (2)

1 Lies den Text auf Seite 28 aufmerksam durch. Markiere die wichtigsten Aussagen mit unterschiedlichen Farben.

2 Vervollständige die Satzanfänge.

1. Die Hersteller von Lebensmittelimitaten benötigen viele Zusatzstoffe …

um den echten Lebensmitteln sowohl im Geschmack als auch im Aussehen „täuschend" ähnlich zu sein.

2. Analogkäse enthält keine Milch oder Milchprodukte, sondern …

Wasser, Pflanzenfett, Pflanzeneiweiß, Stärke, Salz und Geschmacksverstärker.

3. Lebensmittelimitate haben für den Hersteller viele Vorteile …

zum Beispiel niedrigere Rohstoffpreise, kurze Produktionszeiten und eine bessere Verarbeitungsfähigkeit.

4. Wenn auf der Zutatenliste das Wort „Käse" auftaucht, dann …

können in einem Produkt Käseimitat und Käse gemischt worden sein.

5. Kauft man Produkte aus der Region …

ist die Wahrscheinlichkeit geringer, eines der vielen Lebensmittelimitate im Einkaufskorb zu haben.

3 Interpretiere die Karikatur auf Seite 28.

Grundaussage der Karikatur: Lebensmittelimitate sind im Aussehen und Geschmack dem echten Lebensmittel so ähnlich, dass der Verbraucher Original und Fälschung nur sehr schwer voneinander unterscheiden kann. Ein aufmerksamer Blick auf die Verpackung ist dringend notwendig.

E 4 Vanilleeis verschiedenster Hersteller sorgte in letzter Zeit für Schlagzeilen, da Sahne durch billiges Pflanzenfett ersetzt wurde. Nimm die Zutatenlisten von fünf verschiedenen Vanilleeissorten genau unter die Lupe.

individuelle Schülerlösung soll zu folgender Erkenntnis führen:
Selbst namhafte Hersteller wie Langnese oder Mövenpick ersetzen Sahne durch billiges Pflanzenfett. Sahne wird zum Beispiel vom Eishersteller Haägen Dazs verwendet.

Ursachen für Übergewicht

1 Die Weltgesundheitsorganisation WHO schlägt Alarm: Jedes 5. Kind und jeder 3. Jugendliche in den Industrienationen ist übergewichtig.
Warum ist das ein Grund, um alarmiert zu sein?

Übergewicht birgt das Risiko für zahlreiche Krankheiten wie zum Beispiel Diabetes.

Tina, 15 Jahre, 1,65 Meter, 66 Kilo

Bei mir hat das erst vor drei oder vier Jahren angefangen mit dem Übergewicht. Das war, als sich meine Eltern getrennt haben. Ich war so traurig, dass ich einfach in mich hineingefuttert habe. Dann habe ich mich wieder etwas besser gefühlt. Ich esse oft aus Frust. Wenn ich Probleme habe oder mich einsam fühle, gehe ich zum Kühlschrank und tröste mich mit einer Milchschnitte oder sonst was Leckerem. Ich glaube, dass auch mein Essverhalten zu meinem Übergewicht beiträgt. Geregelte Mahlzeiten gibt es bei uns zu Hause nicht. Deshalb nasche ich häufig zwischendurch, das muss dann schnell gehen, wie Pommes oder eine Currywurst. Und ein kleiner Nachtisch darf natürlich auch nicht fehlen – ich liebe Schokoladeneis.

Raphael, 16 Jahre, 1,70 Meter, 82 Kilo

Seit ich mich erinnern kann bin ich dick. Meine Mutter sagt dazu: „Junge, da kannst du nichts dafür, dass du etwas rundlicher bist, das sind einfach die Gene. Papa und ich haben doch auch beide Übergewicht." Sicherlich trägt die Veranlagung dazu bei, dass ich mehr wiege als normal. Aber ich bin da, glaube ich, auch ein wenig selbst schuld. Sport mag ich gar nicht, lieber liege ich faul vor dem Fernseher oder spiele mit meinen Freunden Computerspiele. Dabei wird natürlich auch Süßes oder Chips gefuttert. Das wird manchmal zu viel sein.

2 Wodurch kann Übergewicht entstehen? Was sagen Raphael und Tina zu den Ursachen ihres Übergewichts? Notiert die Ergebnisse in der Gruppe.

Die Ursachen des Übergewichts von Tina	*Die Ursachen des Übergewichts von Raphael*
• *Frustessen → Essen, um Probleme zu bewältigen*	• *zu wenig Bewegung*
• *keine geregelten Mahlzeiten*	• *falsche Ernährungsgewohnheiten → Naschen zwischendurch*
• *zu viel fettes Essen wie Pommes oder Currywurst*	• *zu viele Süßigkeiten*
	• *zu viele fettige Snacks*
• *zu viel Süßes*	• *genetische Veranlagung*

3 Erstellt mit den Ergebnissen eine Folie, die ihr im Plenum präsentiert.

Zu dick oder zu dünn?

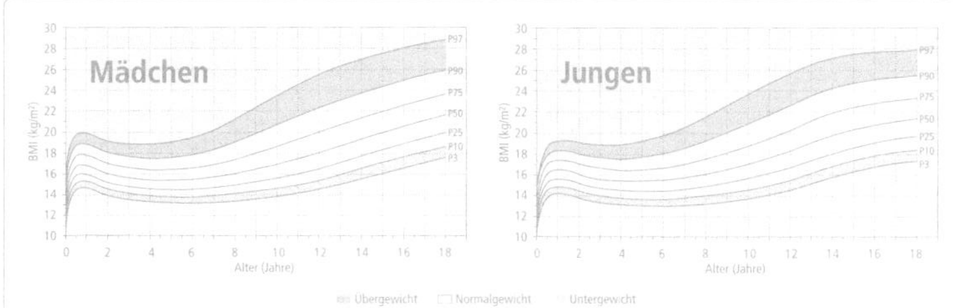

$$\text{BMI} = \frac{\text{Körpergewicht [kg]}}{\text{Körpergröße [m]} \times \text{Körpergröße [m]}}$$

1 Berechnet in der Gruppe den BMI von Raphael und Tina. Wie stark übergewichtig sind sie?

BMI von Raphael: *28,4. Raphael ist stark übergewichtig.*

BMI von Tina: *24,2. Tina ist übergewichtig.*

2 Diskutiert im Plenum die Aussagen von Arzt und Patient.

E 3 Gibt es noch andere Verfahren zur Diagnose von Übergewicht? Recherchiert im Internet.

- *Broca-Index*
  Normalgewicht = Körpergröße in cm – 100
  Das Über- oder Unterschreiten des Broca-Normalgewichts wird üblicherweise in Prozent ausgedrückt.
- *Körperfettanteil in Prozent*
  Je nach Alter und Geschlecht wird unterschiedlicher Körperfettanteil als gesund empfohlen.
- *Waist to Hip Ratio = Taillenumfang / Hüftumfang*

Folgen von Übergewicht

Liebes Dr. Fitmaker Team,

ich heiße Sandra Connetti und bin 16 Jahre alt. In der Schule werde ich allerdings häufig Sandra Fetti genannt. Wenn ich durch das Klassenzimmer laufe, rufen meine Mitschüler „Vorsicht, Erdbeben!“. In meiner Freizeit ist es noch schlimmer. Erst letzte Woche beim Stadtbummel mit meinen Eltern hat ein kleiner Junge mit dem Finger auf uns gezeigt und gerufen: „Guck mal da, Mami, die Familie ist richtig fett!“

Am liebsten möchte ich das Haus gar nicht mehr verlassen, deshalb habe ich den Kontakt zu vielen Bekannten und Freunden auch schon stark eingeschränkt. Ich fühle mich nicht wohl in meiner Haut, ich schäme mich so wegen meines Aussehens.

Ich mache mir auch Sorgen um meine Eltern. Mein Vater kann die wenigen Treppen zu unserer Wohnung nur noch mit Pausen bewältigen, da er immer wieder Luft holen muss. Außerdem schwitzt er bereits bei der kleinsten Anstrengung. Der Arzt hat schon zu ihm gesagt, sein Herz könnte unter der Last seines Gewichts bald versagen.

Und auch meine Mutter hat Probleme wegen ihres hohen Gewichts. Ihr BMI liegt schon weit über 30. Sie leidet unter starken Rückenschmerzen und hat Verschleißerscheinungen an den Kniegelenken. Der Arzt meint, ihre Knie würden ihr Gewicht bald nicht mehr tragen können. Trotzdem kann ich beide nicht überzeugen, gemeinsam mit mir das Übergewicht anzugehen.

Bei meiner kleinen Schwester Anne, die gerade ihren zwölften Geburtstag gefeiert hat, wurde kürzlich Diabetes diagnostiziert. Bis jetzt muss sie noch kein Insulin spritzen, sondern kommt mit Tabletten aus.

Ich weiß nicht mehr ein noch aus. In meiner Verzweiflung wende ich mich heute an Sie. Bitte helfen Sie mir, meine Eltern von den schwerwiegenden Folgen unseres Übergewichts zu überzeugen und sie so zum Handeln zu bewegen.

Herzliche Grüße
Sandra Connetti

1 Welche gesundheitlichen Folgen von Übergewicht schildert Sandra in ihrem Brief?

- *seelische Störungen*
- *sozialer Rückzug*
- *Überbeanspruchung von Knochen und Gelenken*
  - *Rückenschmerzen*
  - *Verschleißerscheinungen am Knie*
- *Herz- und Kreislauferkrankungen*
  - *Atembeschwerden*
- *Diabetes mellitus*

Was tun gegen Übergewicht?

Heizen Sie Ihren Energieverbrauch an!

1. Mehr Bewegung im Alltag:
Tauschen Sie lieb gewonnene Bequemlichkeiten gegen mehr Bewegung aus. Gehen Sie zum Beispiel lieber zu Fuß oder fahren Sie mit dem Fahrrad anstatt mit dem Auto oder Bus.

2. Freizeitaktivitäten clever gestalten:
Schränken Sie sitzende Freizeitaktivitäten wie Fernsehen und Computer spielen so gut es geht ein. Gehen Sie lieber an die frische Luft und unternehmen zum Beispiel gemeinsam mit der Familie eine Radtour.

3. Die Beständigkeit macht's:
Werden Sie Mitglied in einem Sportverein oder einem Fitnessclub, denn so werden Sie angehalten, regelmäßig Sport zu treiben. Und denken Sie daran: Gemeinsam macht es einfach mehr Spaß!

Fazit:

Wissen allein macht nicht schlank! „Anders essen, mehr bewegen" lautet die Devise! Gesund abnehmen bedeutet, die Ernährung langfristig und dauerhaft umzustellen. Dabei darf jedoch die Vollwertigkeit einer Mahlzeit nicht vernachlässigt werden.

Dr. Fitmaker – Programm für Übergewichtige

So gelingt's bestimmt!

Bewusstes Essverhalten

1. Nehmen Sie sich Zeit, genießen Sie Ihr Essen:

Essen Sie langsam und nehmen Sie nur kleine Bissen zu sich. Kauen Sie gründlich und essen Sie nur so lange, bis Sie satt sind.

2. Konzentration ist alles:

Regelmäßig zu festen Zeiten sollten Sie kleine Mahlzeiten zu sich nehmen. So können Sie ein Naschen zwischendurch vermeiden. Lesen Sie keine Zeitung und schauen Sie auch nicht fern. Konzentrieren Sie sich allein auf das Essen! Nur so können Sie feststellen, wann sich das Sättigungsgefühl einstellt.

Seien Sie wählerisch!

1. Fett macht fett:
Bevorzugen Sie fettarme Lebensmittel und achten Sie auf versteckte Fette zum Beispiel in Wurst oder Schokolade. Fett hat die meisten Kalorien, sättigt aber deutlich weniger als andere Lebensmittel. Schränken Sie deshalb die Zufuhr von Fetten ein!

2. Kalorienbombe Zucker:
Weil Zucker unserem Körper auf direktem Weg sofort Energie liefert, sollten Sie puren Zucker, Süßigkeiten, Honig, Kakaogetränke und gesüßten Joghurt vermeiden.

3. Fünf am Tag:
Obst oder Gemüse gehören zu jeder Mahlzeit. Sie enthalten Ballaststoffe, die uns satt machen. Trotzdem liefert Obst und Gemüse wenig Energie. Außerdem enthält es wichtige Vitamine und Mineralstoffe, die unser Körper täglich braucht. Also: Sparen Sie bei der Zusammenstellung Ihrer Mahlzeiten nicht an frischem Obst und Gemüse!

4. Produkte aus dem „vollen" Korn oder Erzeugnisse aus dem „weißen" Mehl?
Vollkornprodukte bestehen aus Vielfachzuckern, enthalten wichtige Ballaststoffe und machen uns so für längere Zeit satt. Sie liefern uns weniger Energie als Produkte aus „weißem" Mehl wie zum Beispiel Nudeln oder Weißbrot. Deshalb gilt: Vollkornprodukte haben Vorfahrt!

5. Getränke – gewichtige Unterschiede:
Greifen Sie auf ungesüßten Tee, „dünne" Saftschorle und Mineralwasser zurück. Meiden Sie süße Limonaden und Alkohol. Beide enthalten zu viel Energie.

1 Ihr arbeitet als Experten zum Thema Übergewicht beim Gesundheitsmagazin „Dr. Fitmaker". Eure Aufgabe ist es, eine Broschüre zum Thema „Was kann ich tun gegen Übergewicht?" zu erstellen. Die Vorlage und dein Schulbuch Seite 76 helfen dir.

Diabetes – die Zuckerkrankheit

1 Trage die Überschriften richtig in die Tabelle ein. Schlage nach im Buch auf Seite 76 und 77.

Diabetes Typ 1 · Therapie · Blutzuckerspiegel · Betroffene · Ursachen · Diabetes Typ 2 · Symptome

	Diabetes Typ 1	*Diabetes Typ 2*
Betroffene	Meist Normalgewichtige im Kindes-, Jugend- und frühen Erwachsenenalter	Häufig Übergewichtige, meist im Erwachsenenalter, zunehmend auch übergewichtige Kinder und Jugendliche.
Symptome	Akutes Auftreten • Starker Durst • Vermehrtes Wasserlassen • Hoher Gewichtsverlust • Müdigkeit	Schleichende Symptome • Häufiges Trinken • Schlechtes Verheilen von Wunden • Wadenkrämpfe • Juckreiz auf der Haut
Blutzuckerspiegel	Der Blutzuckerspiegel steigt nach einer Mahlzeit stark an und die Glucose kann aufgrund der fehlenden Insulinproduktion nicht in die Zellen eingeschleust werden.	Der Blutzuckerspiegel steigt nach einer Mahlzeit stark an und die Glucose kann aufgrund der geringeren Insulinwirksamkeit nur eingeschränkt in die Zellen transportiert werden.
Ursachen	Absoluter Insulinmangel	Relativer Insulinmangel • Nachlassende Insulinproduktion
Therapie	Lebenslange Behandlung mit Insulin	Dauerhafte Gewichtsabnahme, Bewegung und Ernährungsumstellung

2 Lies den Fall von Anne Connetti und stelle die Diagnose des Arztes. An welchem Diabetes-Typ leidet Anne? Begründe deine Diagnose.

Ich heiße Anne Connetti, bin zwölf Jahre alt und schon immer etwas pummelig. Meine Geschichte hat vor einem Jahr begonnen. Zuerst habe ich mir nichts dabei gedacht, als ich ständig Durst hatte, obwohl ich am Tag sicher mehr als zwei Liter getrunken habe. Meine Mutter meinte, der Grund dafür wäre ein einsetzender Wachstumsschub. So machten wir uns weiter keine Gedanken. Erst als eine ganz normale Schürfwunde nicht heilen wollte, wurde ich unruhig. Auch meine Schwester Sandra riet mir, einen Arzt aufzusuchen. Natürlich hatte ich große Angst vor der Diagnose.

Anne leidet wahrscheinlich an Diabetes mellitus Typ 2.

Sie ist übergewichtig.

Ihre Symptome – wie langsamer Gewichtsverlust, Übergewicht und schlecht heilende Wunden – deuten darauf hin.

3 Erläutere die Hauptunterschiede der beiden Diabetes-Typen.

Folgen von Diabetes für die Gesellschaft

Kostenexplosion im Gesundheitswesen

Derzeit leiden in Deutschland ca. 6 Millionen Menschen an Diabetes mellitus, wobei die hohe Dunkelziffer (Menschen, die nichts von ihrer Erkrankung wissen) nicht berücksichtigt wird. Damit ist Deutschland im europäischen Vergleich Spitzenreiter. Experten erwarten, dass sich die Zahl der Diabetiker nahezu verdoppelt, wenn nicht gegengesteuert wird.

Neben den Erbfaktoren begründen Wissenschaftler den rasanten Anstieg an Typ-2-Diabetikern vor allem mit der steigenden Anzahl an dicken Menschen, da Übergewicht und Fettleibigkeit als entscheidende Risikofaktoren für Diabetes mellitus gelten.

Besonders alarmierend ist die Tatsache, dass immer mehr Kinder und Jugendliche an Übergewicht leiden, weil damit auch ihr Risiko steigt, an Diabetes mellitus zu erkranken.

Die steigende Anzahl an Diabetikern hat eine Kostenexplosion im Gesundheitswesen zur Folge, insbesondere junge Betroffene treiben die Behandlungskosten in die Höhe. Da sie länger leben als ältere Diabetiker, nimmt die Wahrscheinlichkeit zu, dass sie irgendwann an schweren Folgeerkrankungen leiden.

Gesundheitsexperten bezweifeln, dass unser Gesundheitssystem auch in Zukunft in der Lage sein wird, diese immensen Kosten zu bewältigen. Außerdem bleibt zu bedenken, dass unsere Gesellschaft auch noch jene Belastungen schultern muss, die zum Beispiel durch einen vorzeitigen Ruhestand der Patienten entstehen.

(Diabetiker verursachen Kostenexplosion, Spiegel-Online vom 30.11.2009)

1 Welche Folgen hat die steigende Zahl von Diabetikern für unsere Gesellschaft?

Da Kinder und Jugendliche länger mit der Krankheit leben als ältere Diabetiker, steigt die Gefahr schwerer Folgeerkrankungen

Kostenexplosion im Gesundheitswesen

Weitere Kosten für die Gesellschaft z. B. durch vorzeitigen Ruhestand oder Erwerbsminderung

2 Wie sollten wir uns eurer Meinung nach in Zukunft verhalten, um dieser Entwicklung entgegenzuwirken? Notiert eure Argumente und diskutiert in der Klasse.

individuelle Schülerlösung

E 3 Informiere dich in Büchern und im Internet über eine der Folgeerkrankungen von Diabetes genauer.

E 4 Erstelle eine Mindmap zu möglichen Folgeerkrankungen von Diabetes mellitus.

Wer hat welche Interessen? – Rollenspiel

1 Bildet vier Gruppen. Jede Gruppe übernimmt eine Rolle.
Überlegt: Welche Interessen vertrete ich? Was wollen wir erreichen? Welche Probleme haben wir?
Tragt euer Ergebnis in Stichworten in die Tabelle ein.

Arbeiterin in Asien	Fabrikbesitzer in Asien	Handelskette (z. B. H&M)	Käufer, Verbraucher
Ziel:	*Ziel: möglichst viel Gewinn*	*Ziel: möglichst viel Gewinn*	*Ziel: möglichst wenig Geld ausgeben!*
Angemessener Lohn zur Sicherung des Lebensunterhalts	*Verpflichtung gegenüber Auftraggeber:*	*Möglichst viele Filialen*	*modische Bekleidung in toller Qualität zu niedrigem Preis*
Gesunde Arbeitsumgebung	*• genaue Vorgaben einhalten*	*Im Trend sein*	
Faire Arbeitsbedingungen	*• zu vorgegebenem Preis liefern*	*Schnell auf den Markt reagieren*	*Die meisten Verbraucher wollen Bekleidung, die „fair“ hergestellt wurde.*
Will sich weiterentwickeln, sucht Aufstiegsmöglichkeiten	*• geforderte Qualität muss stimmen*	*Ware muss pünktlich und in der geforderten Qualität eintreffen*	
	Konkurrenzdruck		

2 Ein Sprecher der Gruppe trägt vor.
Versucht dabei herauszufinden, wo gemeinsame Interessen bestehen und wo nicht.

3 Ergänzt in der Tabelle die Ergebnisse der anderen Gruppen.

4 Jeder trägt täglich rund um die Uhr Bekleidung. Wie können wir als Verbraucher die Arbeitsbedingungen der asiatischen Arbeiterinnen beeinflussen?

- *Bekleidung bewusst kaufen*
- *Auf Label achten*
- *Nicht in Massen billige Waren kaufen, sondern auf Qualität achten. – Weniger ist mehr!*
- *Nur kaufen, was man auch wirklich braucht*
- *Selber kreativ sein und gebrauchte Textilien durch Handarbeit oder kleine Accessoires modisch aufpeppen*

E 5 Auch der schlafende Drache erwacht. In China ändern sich langsam die Lebensumstände.
Wie könnte die Geschichte der Bekleidungsherstellung weitergehen? Diskutiere.
Tipp: Lohnniveau in China derzeit 100–150 € im Monat, in Bangladesh findet derzeit ein Kampf um einen Mindestlohn von 50 € im Monat statt.

„Die Karawane zieht weiter!“. In Bangladesh finden die Unternehmer billigere Arbeitskräfte. Dennoch wird es eine Zeit lang dauern, bis auch dort mit entsprechendem Know-How produziert werden kann. Hohe Qualitätsanforderungen, zuverlässige Liefer- und Preisbedingungen erschweren den Aufbau der Textil- und Bekleidungsfabriken. Die Frage bleibt offen, wie lange der Bekleidungstross noch in der Welt herumziehen kann, um billige Arbeiterinnen und Arbeiter für die Produktion billiger Bekleidungsstücke zu finden.

38

zu Seite 35, Aufgaben 3 und 4

Nierenerkankungen
Eine häufige Komplikation bei Diabetes mellitus ist die Schädigung der Nieren, die so genannte diabetische Nephropathie. Die Nieren lassen zunächst das kleine Eiweiß Albumin vermehrt durch (Albuminurie). Eine Mikroalbuminurie ist ein erster Hinweis auf eine Nierenschädigung bei Diabetes.
Wird diese Folge des Diabetes nicht rechtzeitig erkannt und behandelt, droht ein Funktionsverlust der Nieren, der bis zum Nierenversagen mit Dialysepflicht führen kann. Außerdem ist bei Diabetikern mit Nierenschäden auch das Risiko für eine Herz- und Kreislauferkrankung deutlich erhöht.
Die diabetische Nephropathie entwickelt sich schleichend über einen Zeitraum von mehreren Jahren. Die ersten Veränderungen an den Nieren vollziehen sich, ohne dass der Patient etwas merkt. Wenn es zu erhöhten Blutdruckwerten oder Wasseransammlungen in den Beinen kommt, sind die Nieren oft schon dauerhaft geschädigt. Schließlich können die Nieren ihre lebenswichtige Funktion im Körper nicht mehr aufrechterhalten. Damit das Blut trotzdem ausreichend von Schadstoffen befreit wird, muss der betroffene Diabetiker an die Dialyse, er wird dialysepflichtig: Ein Drittel aller Patienten in Deutschland, die sich regelmäßig einer Blutwäsche (Dialyse) unterziehen müssen, sind Diabetiker. Bei der Dialyse wird die Funktion der geschädigten Nieren durch Maschinen außerhalb des Körpers ersetzt. Obwohl die Verfahren zur Blutwäsche innerhalb der letzten Jahre technisch weiterentwickelt wurden, bergen sie eine Vielzahl an möglichen Komplikationen und einen erheblichen Verlust an Lebensqualität. Dies kann durch eine Nierentransplantation deutlich gebessert werden.
(http://www.diabetes-deutschland.de/nieren.html entnommen am 18.10.2010)

Spätschäden an der Netzhaut
Die Störungen des Sehvermögens werden beim Diabetes mellitus ausgelöst durch Veränderungen an den kleinen Gefäßen der Netzhaut (Retinopathie) und des „gelben Flecks" (Makulopathie).
Bei der diabetischen Retinopathie unterscheidet man eine nichtproliferative („nicht-wuchernde"") und eine proliferative („wuchernde") Form. Im Gegensatz zur „wuchernden" Form ist die nicht-proliferative Retinopathie kaum gefährlich. Durch eine gute Blutzucker- und Blutdruckeinstellung und evtl. eine notwendige Lasertherapie kann meistens ein weiteres Fortschreiten verhindert werden. Die gefährlichere proliferative Retinopathie geht mit der Neubildung von Blutgefäßen einher, die allerdings zum Teil fehlerhaft gebaut sind. Die neu gebildeten Blutgefäße können platzen und es kommt zu Blutungen innerhalb der Netzhaut. Als Folge löst sich ein Teil der Netzhaut vom umgebenden Gewebe ab, was zu einer plötzlichen Verschlechterung des Sehvermögens führt.
Der „gelbe Fleck" (Makula) ist ein Bereich auf der Netzhaut, an dem die Sinneszellen für das Sehen besonders dicht zusammenliegen. Man bezeichnet ihn auch als den „Punkt des schärfsten Sehens". Bei der Makulopathie wird der „gelbe Fleck" durch Wassereinlagerungen (Makulaödem) oder Blutungen geschädigt, was zu einer Beeinträchtigung der Sehschärfe führt.
(http://www.diabetes-deutschland.de/augen.html entnommen am 18.10.2010)

Diabetische Nervenstörungen
Die diabetische Neuropathie (diabetische Nervenerkrankung) ist eine häufige Folgekomplikation des Diabetes mellitus. Insbesondere Diabetiker mit längerer Diabetesdauer und unzureichender Stoffwechseleinstellung sind betroffen.
Unter anderem können die Störungen des Nervensystems Schmerzen und Bewegungseinschränkungen verursachen, was die Lebensqualität oft deutlich einschränkt.
Die diabetische Neuropathie lässt sich je nach betroffenem Gebiet in verschiedene Formen einteilen. Die diabetische sensomotorische Polyneuropathie ist eine Erkrankung der peripheren Nerven, das heißt der Nerven außerhalb des Gehirns und des Rückenmarks. Hierbei können sowohl willentlich gesteuerte Teile des Nervensystems (Berührungs- und Schmerzwahrnehmung, Innervation der Körpermuskulatur) als auch das autonome Nervensystem (z. B. Regulation von Atmung, Herzfrequenz, Darmbewegungen, Blasenfunktion) betroffen sein.
Die diabetische Neuropathie spielt eine wichtige Rolle bei der Entstehung des diabetischen Fußsyndroms: Beim Diabetiker mit Polyneuropathie ist das Risiko für eine Fußamputation gegenüber der Normalbevölkerung um das 10 bis 22-fache erhöht.
Ist das willentlich gesteuerte Nervensystem betroffen, kann es zu Störungen des Tastsinns und des Schmerzempfindens an den entsprechenden Hautpartien oder/und zu Bewegungsstörungen bestimmter Muskeln kommen. In der Regel sind dabei ganze Körperpartien (z. B. Beine) betroffen.
Bei der autonomen diabetischen Neuropathie sind die Nerven der inneren Organe (autonomes oder vegetatives Nervensystem) geschädigt. Das autonome Nervensystem versorgt jene Körperbereiche, die nicht der bewussten Steuerung unterliegen. Dazu gehören alle inneren Organe, Blutgefäße und Drüsen. Die autonome diabetische Neuropathie geht häufig mit Störungen der Magen-Darmbewegungen (Peristaltik) oder/und mit Regulationsstörungen der Herzfrequenz einher. Letzteres birgt die Gefahr von Herzrhythmusstörungen, die unter Umständen lebensbedrohlich sein können (plötzlicher Herztod).
Auch sexuelle Störungen im Rahmen des Diabetes mellitus sind häufig, werden allerdings sowohl vom Arzt als auch von den Diabetikern selbst oft tabuisiert. Schätzungen gehen davon aus, dass rund 50 Prozent der männlichen Diabetiker und etwa 30 Prozent der Diabetikerinnen betroffen sind. Die diabetische Neuropathie kann bei Männern zu Erektions- und Ejakulationsstörungen führen. Bei den Frauen ist die Fähigkeit zur Vaginalsekretion vermindert und es treten vermehrt Orgasmusprobleme auf.
Eher selten und überwiegend bei älteren Diabetikern finden sich Schädigungen einzelner Nerven (Mononeuropathie). Dabei können zum Beispiel Augen- oder Gesichtsnerven betroffen sein. Die Folge sind Lähmungen bestimmter Augenmuskeln oder der mimischen Muskulatur (sehr selten). Bei der seltenen Mononeuropathie von Rumpfnerven kommt es zu Schmerzen und Gefühlsstörungen an der Bauchwand.
(http://www.diabetes-deutschland.de/nerven.html entnommen am 18.10.2010)

Herzerkrankungen und Schlaganfälle
Herz- und Kreislauferkrankungen stellen die häufigste Todesursache bei Diabetikern dar. Vor allem Menschen mit einem Typ 2 Diabetes sind neben der Glukosestoffwechselstörung oft noch zusätzlich von Übergewicht, einem Bluthochdruck und schlechten Blutfettwerten betroffen. Diese Störungen bestehen meist schon lange, bevor ein Diabetes entdeckt wird und sorgen gemeinsam dafür, dass sich in den Gefäßwänden gefährliche kalkartige Ablagerungen bilden können. Diese so genannte Arterienverkalkung oder Arteriosklerose schädigt die Gefäße und führt über kurz oder lang zu schweren Herzkreislauferkrankungen.
Als Folge der Gefäßschädigung wird der Blutfluss behindert, über den die Zellen mit Sauerstoff und wichtigen Nährstoffen versorgt werden. An den Stellen der Arteriosklerose oder dahinter kann es zu einer Gerinnselbildung des Blutes mit Verstopfung des nachfolgenden Gefäßabschnittes kommen – die Folge ist möglicherweise ein Herzinfarkt oder Schlaganfall. Auch durch Einrisse der Gefäßinnenwand oder durch Loslösung von Ablagerungen können akute Arterienverschlüsse auftreten.
(http://www.diabetes-deutschland.de/herzgefaesse.html entnommen am 18.10.2010)

Durchblutungsstörungen
Das diabetische Fußsyndrom ist eine gefürchtete Folgeerkrankungen des Diabetes mellitus. Dies hat seinen Grund: Der so genannte diabetische Fuß ist die häufigste Ursache für nicht-unfallbedingte Amputationen. Dies gilt es zu vermeiden.
Zirka 14 Prozent aller Diabetiker sind jährlich wegen Fußkomplikationen in ärztlicher Behandlung. Häufig werden die Betroffenen pflegebedürftig nach einer Vorfußamputation, Unterschenkel- oder Oberschenkelamputation. Innerhalb von 4 Jahren nach Amputation des ersten Beines ist bei über 50 Prozent der Diabetiker eine Amputation am zweiten Bein notwendig.
Dem diabetischen Fußsyndrom zugrunde liegen Schäden der Fußnerven (Neuropathie) und evtl. auch Schäden der Blutgefäße (pAVK = periphere arterielle Verschlusskrankheit). Durch die Beeinträchtigung der schmerzleitenden Nervenfasern werden Schmerzen nur noch eingeschränkt oder gar nicht mehr wahrgenommen. Damit fehlt ein wichtiges Frühwarnsymptom bei Druckstellen (z. B. durch zu enge Schuhe) oder anderen Verletzungen am Fuß. Die Folge sind schmerzlose Druckgeschwüre, die sich aufgrund der gleichzeitig bestehenden Durchblutungsstörung besonders schnell infizieren und nur noch sehr schlecht abheilen. Besonders risikoreich ist die Kombination mit einer peripheren arteriellen Verschlusskrankheit.

Aufgaben der Bekleidung

1 Erstelle mit Hilfe des Textes auf Seite 98/99 eine Mindmap zu den Aufgaben der Bekleidung.

2 Hinterfrage die Kriterien, nach denen du deine Kleidung auswählst.

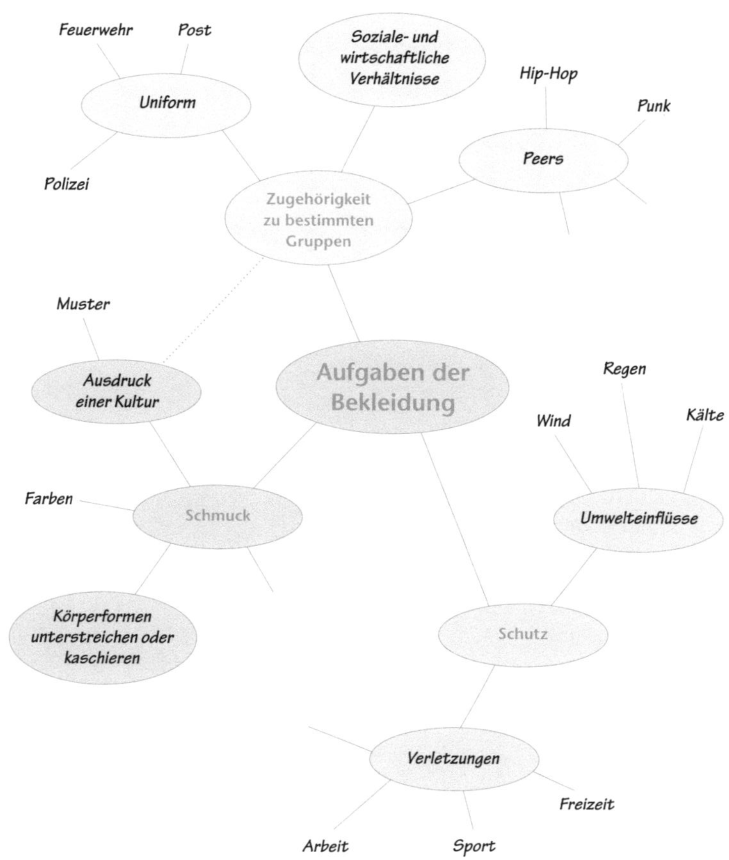

Das Schichtenprinzip – eine textile Klimaanlage

1 Lese den Text in deinem Schulbuch auf Seite 104 genau.

2 Erarbeite in Partnerarbeit eine Erklärung für die Funktionen der einzelnen Schichten und trage die Ergebnisse in die Tabelle ein.

Schicht	Funktion	Auswahl für Peter
1. Leitende Schicht	*Sie soll den Schweiß von der Hautoberfläche abtransportieren. Fasern mit hohem Feuchtetransport und wenig Feuchteaufnahmevermögen.*	*Funktionsunterwäsche + evtl. Funktions-T-Shirt*
2. Wärmeschicht	*Isoliert und schützt vor Kälte. Sollte leicht und schnell trocknend sein. Sollte wenig Feuchtigkeit aufnehmen.*	*Fleece-Shirt*
3. Schutzschicht	*Dient zum Schutz vor Wettereinflüssen. Winddicht, wasserabweisend, atmungsaktiv*	*Funktionsjacke, Handschuhe, Mütze, Schal*

3 Wählt für Peter ein passendes Outfit aus seinem Kleiderschrank aus. Tragt das Ergebnis in die Tabelle ein.

Baumwollunterwäsche • Funktionsunterwäsche • Baumwoll-T-Shirt • Funktions-T-Shirt • Sweat-Shirt • Wollpullover • Fleeceshirt • Regenjacke, Funktionsjacke • Mütze • Handschuhe • Schal

Peter ist ratlos!

Peter steht vor seinem Kleiderschrank und sucht etwas Passendes zum Anziehen. Morgen wird er mit seiner Klasse einen eintägigen Skiausflug ins Allgäu unternehmen. Geplant ist eine Skitour, die eventuell anstrengend werden könnte. Es ist März. Wird die Sonne scheinen? – Wird es schneien? – Wird es regnen?

Seine Mutter sagt: „Plane für jedes Wetter, achte auf das Schichtenprinzip, so dass du dich wie eine Zwiebel schälen kannst!"

Was meint sie damit?

Moderne Materialien – Funktionstextilien

1 Lese den Text auf Seite 102/103 genau.

2 Ordne zu und verbinde.

Modifizierte Chemiefasern	In ihrer Eigenschaft veränderte Chemiefasern
Gore-Tex	sehr kleine Poren, in die Wasserteilchen nicht eindringen können, Wasserdampfmoleküle aber können entweichen.
Sympatex	Hydrophile Teile der Membran treiben Wasserteilchen nach außen.
Mikrofasern	sind überaus feine Endlosfasern.
Laminate	sind hauchdünne Kunststoffmembrane, die zwischen dem Oberstoff und dem Futter unsichtbar eingearbeitet sind.

3 Was übernehmen Wissenschaftler aus der Natur? Finde heraus, welche Eigenschaften aus der Natur für neue Textilien übernommen wurden. Recherchiere zusätzlich im Internet.

Eisbärfell		*Wasserabweisendes und wärmeisolierendes Fell. Inspirationsquelle zur Herstellung von Polyester-Hohlfasern.*
Pfirsichhaut		*Samtartiger, besonders hautfreundlicher Polyesterstoff*
Haihaut		*Neue Weltrekorde durch der Haihaut angepasste Schwimmanzüge. Der Reibungswiderstand im Wasser wird mit speziellen Oberflächenbehandlungen gesenkt.*
Lotuspflanze	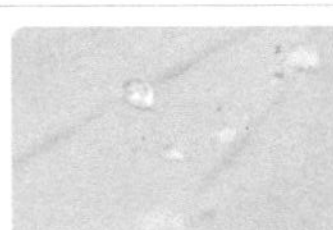	*Flüssigkeiten und Schmutz perlen an der Oberfläche ab. Kleidung würde nicht mehr schmutzig.*
Wasserjagdspinne	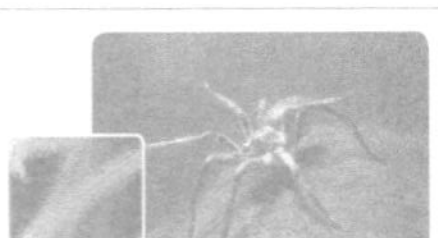	*Die Wasserjagdspinne hat einen wasserabweisenden Pelz. Eine feine Haarstruktur sorgt für Luftpolster, die den Körper gegen das Wasser abschirmen und ihn trocken halten. Textilien würden nicht mehr nass werden.*

Beispiel: Präsentation zum Thema Magersucht

1 Überprüfe die ersten Folien einer Präsentation nach den Kriterien von Seite 42. Schreibe sowohl positive als auch negative Kritik zu jeder Folie auf.

Beispielfolien	Kritik (positive und negative)
 Magersucht	• *Das Bild ist aussagekräftig – Körperschemastörung als typ. Symptom bei der Magersucht* • *Die Schrift ist zu klein und mitten im Spiegelbild*
Gliederung Thema Magersucht: 1. Definition Magersucht / Bulimia Nervosa 2. Verbreitung und Geschichte der Krankheit 3. Typische Symptome der Krankheit Magersucht 4. Mögliche Ursachen 5. Therapien und Hilfen 6. Fallbericht von Susanne F.	• *Übersichtliche und vollständige Gliederung* • *Kann erweitert werden*
Definition Magersucht/Bulimia Nervosa	• *Der erste und letzte Punkt sind zu ausführlich – nur Stichworte und kurze Sätze wie in Punkt 2 und 3*
4. Mögliche Ursachen 	• *Das Diagramm ist aussagekräftig aber zu klein eingefügt, nicht lesbar auf Distanz* • *Das Diagramm muss verstanden werden und erklärt werden können*
	• *Überschrift bzw. Zuordnung zur Gliederung fehlt* • *Ein Punkt ist viel zu ausführlich* • *Bild sagt nichts aus – irgendeine Klinik – nur dann sinnvoll, wenn man über die Klinik etwas erzählen kann*